Resources for 21st Century Leaders

21세기 新교회론,
이것이 가정교회다

국제제자훈련원은 건강한 교회를 꿈꾸는 목회의 동반자로서 제자 삼는 사역을 중심으로
성경적 목회 모델을 제시함으로 세계 교회를 섬기는 전문 사역 기관입니다.

21세기 新교회론, 이것이 가정교회다

초판 1쇄 발행 2002년 1월 28일
초판 10쇄 발행 2018년 9월 14일

지은이 최상태
펴낸이 오정현
펴낸곳 국제제자훈련원

등록 제2013-000170호(2013년 9월 25일)
주소 서울시 서초구 효령로68길 98(서초동)
전화 (02)3489-4300 **팩스** (02)3489-4309
이메일 dmipress@sarang.org
ISBN 89-88850-56-4 03230

※ 책값은 뒤표지에 있습니다. 잘못된 책은 구입하신 곳에서 교환해 드립니다.

매력있는 교회·건강한 이야기　001　　화평교회

21세기 新교회론,
이것이 가정교회다

■ 최상태

국제제자훈련원

추천사 1

　각 시대마다 요청이 있다. 교회는 시대의 요청에 부응하여 하나님의 말씀을 바르고 적절하게 선포하고 세상을 하나님의 말씀으로 이끌어 나가야 할 시대적 사명이 있다. 우리가 사는 21세기는 지식산업 시대이며 정보화 시대로, 은혜 받을 만한 때요 구원의 날이지만 오히려 회중은 터진 웅덩이(렘 2:13)와 같이 바짝 메말라 있으며 심히 주리고 목마르다. 양식이 없어서 굶주리는 것이 아니며 물이 없어 목마른 것이 아니라 여호와의 말씀을 듣지 못한 기갈이다(암 8:11). 강단 위에서 수없이 선포되는 말씀이 허공을 치는 듯 강단 아래에 미치지 못하는 실정이다.

　사회적으로는 20세기 말에 불어닥친 IMF 경제위기를 비롯하여 신자유주의의 경쟁적 분위기가 사람들의 이기심을 더욱 조장하여 인간관계를 버성기고 서로 멀어지게 하였다. 공동체들은 목적을 지향하며 인간관계는 파괴되고 인격적인 사귐은 소홀해졌다. 그러나 교회는 그리스도를 머리로 한 지체이므로 인격적이며 긴밀한 유기적 공동체이다. 교회마저 목적 중심으로 활동하며 지체의식은 엷어지고 공동체로서 사랑이 식어 가는 때에 지체 사이의 관계 회복과 사귐을 활성화시키는 일은 시급하며 절실하다.

　이런 상황에서 소그룹 목회에 대한 관심이 고조되고 있는 사실은 퍽 고무적인 일이다. 소그룹은 1) 복음 안에서 하나됨을 향한 말씀 공동체이며, 2) 그리스도 안에서의 사귐 공동체이며, 3) 돌봄과 나눔의 공동체이며, 4) 봉사 공동체이며, 5) 공동체로서 교회와 사회적 현실에 참여한다. 여기 실린 글들은 소그룹사역의 이론을 화평교회 현장에 접목하여 얻은 실제 열매들을 중심으로 기술하였다. 소그룹사역 이론이 목회 체험과 어울려 조화를 이루며 결실을 맺은 것으로 소그룹사역에 관심을 가지고 시도하는 많은 교회와 사역 현장에 도움을 줄 수 있을 것이라 생각된다.

이 저서는 다음 두 가지 면에서 돋보인다.

첫째, 한국 교회에서 훈련을 전혀 받지 못하거나 훈련을 받았을지라도 제 역할을 못하는 평신도들에게 교회의 각 지체로서 어떻게 제 몫을 감당하는지 보여주어 평신도 사역에 큰 도움을 줄 수 있다.

둘째, 가정교회와 소그룹목회에 대한 성경신학적인 근거와 교회사적인 근거를 보여주어 소그룹목회에 관심을 가지고 있는 목회자들에게 확신과 자신감을 주며 목회 현장에서 길잡이가 되어 줄 것이다.

앞서 바르게 내딛은 한 걸음이 뒤따라오는 여러 사람들로 더불어 평평한 길을 내듯이, 이 저서의 소그룹 이론과 실제가 길을 열어 드디어진 한국 교회의 성장에 진일보를 이루기를 바란다. 저자의 바람직한 사역과 사역의 결실의 하나인 이 책의 발간을 진심으로 기뻐하며 추천하는 바이다.

총신대학교 총장
김의원

추천사 2

훈련된 평신도는 사역해야 합니다.

랄프 네이버, 빌 벡헴, 로렌스 콩 등의 '셀(cell)목회' 전도사들이 한국을 거쳐가면서 많은 목회자들이 '셀목회'에 관심을 갖고 있습니다. 저 또한 지난 30여 년의 목회 현장 경험과 여러 신학자들의 이론을 정리해볼 때 21세기는 소그룹사역이 교회의 한 축을 담당할 것이라고 확신합니다.

소그룹사역의 핵심은 소그룹지도자라고 할 수 있습니다. 지도자를 발굴하고 훈련시켜 사역할 수 있도록 돕는 사역이야말로 소그룹의 건강 여부를 결정짓는 중요한 열쇠입니다. 그런 의미에서 제자훈련 사역과 소그룹목회는 떼어낼 수 없는 관계라고 할 수 있습니다. 그러나 많은 목회자들의 주된 관심이 '셀 폭발'에 제한되어있는 것은 안타까운 일입니다. '셀 폭발'을 이루기 위해서는 '셀그룹 지도자'가 든든히 양성되어야 한다는 사실을 지나쳐 버리거나 애써 외면함으로 외면적인 교회 성장에만 치우치는 목회는 건강한 교회를 일구어 낼 수 없습니다.

이번에 건강한 교회의 목회현장을 소개하는 시리즈를 시작하면서 화평교회의 목회현장을 한국 교회에 소개하게 된 것은 매우 의미있는 일이라고 믿습니다. 탁월한 소그룹 지도자를 양성하는 '제자훈련 사역'과 소그룹사역의 좋은 모델로 인정받는 '가정교회'를 접목한 화평교회의 사례는 21세기의 소그룹 사역에 필요한 통찰력을 제공해 줄 것입니다.

지금까지 경험한 목회 현장을 통해 볼 때 훈련받은 평신도가 사역의 현장에서 봉사하지 않게 되면 교회와 목회자를 비판하는 세력이 될 가능성이 많습니다. 제자훈련을 통해 평신도를 깨우고 그들과 함께 뛰는 즐거운 목회를 꿈꾸는 목회자라면 훈련받은 평신도가 사역할 영역을 준비해야 합니다. 이러한 의미에서 화평교회의 가정교회 모델은 평신도가 목회자로서 사역하는 좋은 소그룹 모델입니다. 특별히 화평교회 가정교회 현장은 제자훈련 이후에 소그룹 사역을 어떻게 펼쳐갈 것인가에 대해 새로운 대안을 제시해주고 있습니다.

화평교회 현장은 제자훈련을 기초로 한 가정교회입니다. 특별히 셀 중심의 목회를 하면서 자칫 말씀을 소홀히 하기 쉬운데, 이러한 우를 범하지 않도록 철저히 훈련된 소그룹 지도자를 가장으로 세우는 원칙은 인스턴트 문화에 젖어 있는 한국 교회적 상황에서 주목해 보아야 할 점이라고 생각합니다. 화평교회 현장은 셀그룹을 폭발적인 성장을 추구하기 위한 피라미드식 구조와 같은 도구로 전락시키는 수단화의 위험을 극복한 좋은 모델입니다. 화평교회의 가정교회를 섬기는 가장들은 훈련에 의해 성숙한 지도자로서 세워졌고 자원하는 마음으로 가정교회 사역을 헌신적으로 감당하고 있기 때문입니다.

화평교회 이야기는 한국 교회의 대부분을 차지하는 300명 미만의 작은 교회에서 건강한 교회를 꿈꾸며 고민하는 많은 동역자들에게 분명한 비전과 확실한 도전을 주리라 확신합니다.

옥한흠 목사

감사의 말씀

여러 면으로 부족함이 많은 사람에게 측량할 수 없는 은혜를 주셔서 목회 사역을 하게 하시고, 현장을 통해 얻은 아름다운 열매들을 책으로 엮기까지 인도하신 하나님께 진심으로 감사를 드립니다. 또한 한결같이 주의 나라와 교회를 위해 저와 같은 비전과 뜻을 품고 사랑 가운데 수고하며 헌신해 온 화평교회 평신도지도자와 성도 여러분들에게 감사를 드립니다. 그리고 목회 사역에 동고동락하며 항상 예리한 비판과 격려를 아끼지 않고 원고 교정에 수고해준 아내에게 감사의 뜻을 전합니다.

일찍이 바른 목회가 무엇인가를 삶과 인격으로, 그리고 현장을 통해 보여주며 가르쳐주신 옥한흠 목사님께 진심으로 감사를 드립니다. 그리고 풀러신학교에서 공부하는 동안 복음이 무엇인가를 확실하게 가르쳐 주신 김세윤 박사님과, 논문을 성의껏 지도해 주셔서 이 책이 만들어지는 데 큰 도움을 주신 장남혁 박사님과 민종기 박사님께 감사를 드립니다.

또한 소그룹목회의 모델을 찾고 있을 때 현장을 통해 가정교회의 모습을 보여주신 휴스턴 서울침례교회 최영기 목사님께 감사를 드립니다. 뿐만 아니라 가정교회와 소그룹의 성경신학적인 원리와 역사적인 근거가 무엇인가에 대하여 풀러신학교에서 공부하는 동안 강의와 책을 통하여 확신과 도움을 주신 리차드 피스(Richard Peace), 개러스 아이스노글(Gareth Icenogle) 그리고 로버트 뱅크스(Robert Banks) 박사님들께도 감사를 드립니다. 그리고 직접적인 교제는 없었지만 세미나와 책을 통하여 더욱 확실한 가정교회의 그림을 보여준 윌리암 벡헴(William A. Beckham)과 랄프 네이버(Ralph W. Neibour)에게도 감사를 드립니다.

바쁜 중에도 원고를 타이핑하느라 수고한 한춘경 목사님께 감사를 드립니다. 특히 국제제자훈련원의 김명호 목사님과 주명석 기자님, 그리고 스텝진 여러분에게 감사 드립니다.

위와 같은 분들을 하나님이 저에게 보내주시지 않았더라면 이 책이 결코 나올 수가 없었습니다. 다시 한 번 이 모든 분들께 진심으로 감사의 뜻을 전합니다.

끝으로 하나님 나라와 복음을 위해 삶을 바친 동역자들께서 이 책의 주된 내용인 제자사역과 가정교회 사역을 통하여 건강한 교회를 이루어 나가시는 데 도움을 얻으시기를 소망합니다.

2002년 1월
최상태

서론 한국 교회의 부끄러운 자화상　13

1장 오늘을 뛰어넘어 희망의 내일로　21

2장 한국 교회의 새로운 대안 '가정교회'　29

3장 가정교회란 무엇인가　63

4장 가정교회 운영과 실제　115

5장 제자훈련을 통한 가정교회 사역의 목회적 효율성　133

6장 생명력 넘치는 건강한 교회로　147
7장 가정교회 정착과 발전을 위한 제언　157
8장 제자훈련과 사역　165
9장 가정교회 사역이야기　185
10장 당신의 교회를 향한 하나님의 비전　205

　부록…211
　주…251

New Paradigm of the Church   서론

한국 교회의 부끄러운 자화상

> 초대 교회는 배움, 교제, 기도, 경건, 섬김, 나눔, 예배, 기쁨, 전도 그리고 모범 됨을 그 특징적 요소로 겸비하고 있음을 보여준다. 또한 초대 교회 성도들은 그리스도를 믿는 공통된 믿음으로 결속되었고 사도들의 가르침과 성령의 놀라운 역사 안에서 믿음, 사랑, 기쁨의 공동체로 하나가 되었다(엡 1:23).

    지금 한국 교회는 양적, 질적인 면에서 어려움에 봉착하여 위기를 맞고 있다. 규모 면에서는 세계 50위 안에 드는 교회의 절반을 차지할 정도이지만, 21세기에 들어선 한국 교회가 표류하고 있는 것만은 사실이다. 교회가 복음의 진리가 아닌 온갖 비본질적인 것으로 각색되고 있다. 바르게 말씀을 선포하고 가르치는 대신에 극단적인 신비주의, 공리주의, 물질주의 등으로 경도되고 있다. 성경적인 가르침의 원리를 떠나 인위적인 방법이나 취향에 영합하는 태도가 만연하고 있으며, 세상적인 경영철학을 여과 없이 그대로 도입하여 성장이나 부

흥이라는 미명 아래 수단 방법을 가리지 않고 있다. 게다가 교회 안 팎에서 이단 사상을 가진 자들이 우후죽순처럼 일어나 기승을 부리고 있다. 그 결과 교회는 사회로부터 공신력을 잃고 내적으로는 위기의식이 고조되고 있는 것이다.

한국갤럽에 의하면(1998년 기준) 개신교를 떠나 타 종교로 간 사람과 믿다가 그만둔 사람이 연(延) 인원 천만 명이나 되며, 또 앞으로 종교를 가질 경우 기독교를 택하겠다는 사람도 다른 종교(가톨릭, 불교 등)에 비해 적게 나타났다.[1] 뿐만 아니라 종교가 사회에 미치는 영향력도 기독교가 제일 약하게 나왔다. 1960년대 이후 급성장하던 한국 교회가 1990년대에 와서는 그 성장이 둔화되기 시작하더니 근래에 들어서는 이러한 현상이 더욱 두드러지게 나타나 한국 교회의 전망을 어둡게 하고 있다. 한국 교회가 천만 이상의 교인을 자랑하며 전 국민의 25퍼센트가 기독교인이라 하지만, 건강하지 못하고 성숙하지 못하여 침체되는 중병을 앓고 있다. 이러한 시대적 상황 속에서 지금 대다수의 성도들은 초대 교회에 넘쳤던 생명력을 갈망하고 있다.

"또 재산과 소유를 팔아 각 사람의 필요를 따라 나눠주고 날마다 마음을 같이하여 성전에 모이기를 힘쓰고 집에서 떡을 떼며 기쁨과 순전한 마음으로 음식을 먹고 하나님을 찬미하며 또 온 백성에게 칭송을 받으니 주께서 구원받는 사람을 날마다 더하게 하시니라"(행 2:45~47).

초대 교회는 배움, 교제, 기도, 경건, 섬김, 나눔, 예배, 기쁨, 전도 그리고 모범 됨을 그 특징적 요소로 겸비하고 있음을 보여준다. 또한 초대 교회 성도들은 그리스도를 믿는 공통된 믿음으로 결속되었고 사도들의 가르침과 성령의 놀라운 역사 안에서 믿음, 사랑, 기쁨의 공동체로 하나가 되었다(엡 1:23).

그러나 요즘 교회는 어떠한가. 대형 교회들은 몸집만 커서 공동체성을 누리지 못하고, 작은 교회들은 작은 교회대로 부흥시켜야 된다는 명제 아래 주님의 몸 된 공동체성을 향유하지 못하고 있는 실정이다. 성도들은 또 어떠한가. 교회는 점점 그 생명력을 잃어가고, 성도들은 신앙의 방향을 잃은 채 참된 안식과 평안 없이 형식적으로 교회에 다니고 있지는 않은지, 또 세상 속에서 성도로서의 사명을 인식하지 못한 채 함께 치우치고 함께 어우러져 불의의 병기가 되고 있지는 않은지 반문해 볼 필요가 있다. 교회는 대형화된 반면 사회는 세분화되어 가면서 극단적 이기주의에 의해 성도 간의 교제가 약화된 지 이미 오래다. '나' 이외에 다른 곳을 돌아볼 여유조차 없는 각박함 가운데 행해지는 가식적인 교제와 친교는 떠도는 성도들을 붙잡지 못한다. 이런 상황에서 대부분의 교회가 근본적인 대안 마련과 치유는 뒤로 미룬 채 교회의 양적 성장과 외형 가꾸기에 몰두하고 있다. 영적 성숙에는 관심조차 없이 좋다고 하는 것은 무엇이든 다 시도해 보려고 한다.

이와 같은 상황에 처해 있는 목회자들에게 진 게츠(Gene A. Getz)는 좋은 방법론을 제시해 주었다. 교회가 어떤 행사나 프로젝트를 개발하고 시행할 때마다 점검해보아야 할 세 가지 요소는, '첫째로 성경이 무엇이라고 말씀하는가, 둘째로 역사적 근거가 있는가, 셋째로 문화적 가치를 수반하고 있는가' 하는 점이다. 정말 성경에서 말하는 교회의 모습은 어떠해야 하는가?[2] 심각하게 생각하고 고민해야 할 때가 이르렀다.

'건강한 교회' 그 가능성을 찾아서

오늘날 한국적 상황에서 건강한 교회의 실현이 가능할까? 이 물음에 대한 정답은 없다. 하지만 우리의 주변에 성숙하고 건강한 교회를 세워나가기 위해 몸부림치는 목회자들이 있기에 우리는 그 가능성을 기대해 볼 수 있다. 한국 교회의 실제를 보거나 성경적인 측면을 보아도 목회자의 영향력은 대단한 것이다. 따라서 담임목사의 리더십과 가치관은 건강한 교회를 이루는 핵심요소가 된다. 목회자 한 사람이 변화되고 성숙함으로 수천, 수만의 성도들이 그리스도의 장성한 분량으로 자라갈 수가 있는 것이다(엡4:13).

우리는 지금 세미나 홍수 시대에 살고 있다. 수를 헤아릴 수 없을 만큼 다양한 목회 방법을 소개하는 세미나들이 지금도 전국 각지에서 열리고 있다. 적게는 수십 명에서 많게는 수천 명의 목회자들이 목회에 도움이 될 만한, 또는 구미에 맞는 세미나를 찾아 참석한다. 세미나에 참석하는 목회자 대부분은 부흥을 꿈꾼다. "맞아, 내가 찾던 것이 바로 이거야!" 하며 무릎을 치지만 얼마 가지 못해 또 다른 세미나에 얼굴을 내민다. 수많은 세미나에 참석하고 할 수 있는 것을 다 해보지만, 양떼는 좀처럼 늘어날 기미를 보이지 않는다. 그때부터는 환경을 탓하고 현실을 원망하며 자포자기하는 목회자들이 부지기수다.

과연 무엇이 문제일까. 해답은 의외로 간단하다. 자신이 변화되지 못했기 때문이다. 아무리 좋은 목회 방법을 도입한다 하더라도 목회자 스스로가 변화되지 않는다면 모든 것은 수포로 돌아갈 수밖에 없다. 내가 변화되지 못하는데 어떻게 남이 변화되기를 기대한단 말인가. 밀알 하나가 땅에 떨어져 수십 수백 배의 결실을 맺기까지는 자신의 몸을 썩혀 자양분으로 공급하는 희생과 헌신이 있어야 하는 것이다. '나'는 변화를 거부하면서 성도들에게 변화를 강요한다면, 자신은 '바담 풍' 하면서 제자에게는 '바람 풍'이라 읽으라는 선생과 다를 바 없다. 선생이 '바람 풍'이라고 제대로 읽을 때 그 제자도 '바람 풍'이라고 읽을 수 있는 것이다.

새들백교회 릭 워렌은 그의 저서에서 교회를 움직이고 있는 추진력이 무엇인가에 따라서 교회의 건강 정도를 평가할 수 있다고 말했다.[3] 전통에 따라 움직이는 교회, 인물에 의해 움직이는 교회, 재정에 의해 움직이는 교회, 프로그램에 의해 움직이는 교회, 건물에 의해 움직이는 교회, 행사에 의해 움직이는 교회, 구도자에 의해 움직이는 교회, 목적에 의해 움직이는 교회 등이 있는데 교회를 움직이는 힘이 성경적이지 않으면 그 교회의 건강과 성장은 하나님이 원치 않으신다고 말한다. 그러므로 교회는 성경적인 패러다임에 근거하여 목적에 의해 움직이는 교회가 되어야 함을 강조하고 있다.

제자훈련이 건강한 교회를 세우는 최고의 목회전략이요 방법이라는 데 이의를 제기하는 사람은 거의 없다. 제자훈련으로 꽃을 피운 교회들이 건강한 교회라는 것이 필자가 전국에 있는 몇몇 교회를 대상으로 설문한 결과와 NCD(자연적교회성장)의 진단 결과에서 밝혀졌다(9장 참조). 제자훈련으로 한평생 헌신과 수고를 해온 옥한흠 목사는 "제자훈련은 목회 인생 전체를 걸 만큼 가치 있는 일"이라고 말했다.

그렇다면 모든 교회가 제자훈련을 하기만 하면 건강한 교회로 거듭날 수 있을 것인가. 안타깝게도 그 대답은 '아니오'다. 수많은 교회가 제자훈련을 시작했지만 열매를 거둔 교회는 그리 많지 않다. 가장 큰 원인은 목회자의 성경적인 목회철학의 빈곤 때문일 것이다. 하지만 대부분의 목회자들은 그 원인을 성도들이나 환경 탓으로 돌린다. '나는 열심히 했지만 성도들이 못 따라오고 주변 여건이 좋지 못했다'는 식으로 책임을 전가하는 경우가 있다.

정말 성도들의 믿음의 깊이가 얕아서였을까? 지역적인 환경이나 여건이 열악해서였을까? 실패의 원인은 상당히 복합적일 수 있다. 하지만 성도들에게 문제가 있다면 양육을 담당해온 목회자 자신에게 문제가 있다는 것을 무엇보다 먼저 깨달아야 한다. 양떼는 목자의 인도에 따라 행동하고 생각할 뿐이다. 길을 잃고 헤매는 양을 보고 "그것 봐라. 내가 그리 가지 말라고 했잖니."라며 모든 책임을 양에게 돌리는 목자가 있다면 우리는 누구를 책망할 것인가. 아마도 양을 책망하기보다는 목자를 책망할 것이다.

또 하나의 문제는 목회자 대부분이 새로운 프로그램을 시작하면서 동시에 열매를 바란다는 것이다. 우물에 가서 숭늉을 찾는 격이다. 셀(cell)의 대가인 랄프 네이버도 전통적인 교회가 성경에서 말하는 셀 교회로 전환되기 위해서는 의지적으로 노력해도 3년에서 5년이 걸린다고 보았다.[4] 옥한흠 목사도 그의 저서에서 "적어도 5년은 인내하라"고 충고한다. 이는 단기간에 승부를 볼 수 없다는 것을 단적으로 이야기해 주는 것이다. 갓난아기가 사람 구실을 하기까지는 수 년 혹은 수십 년의 세월이 걸린다. 지금 막 태어난 아기에게 뛰기를 바라는 부모는 없다. 아기는 끊임없는 시행착오를 거치며 성장한다. 그 기나긴 여정에서 부모의 역할은 무엇인가. 자식이 지쳐 쓰러질 때 격려해 주고, 힘이 되어주는 것이 부모의 할 일이다. 넘어져 있는 자식을 향해 나무라는 부모는 없다. 목회자는 양떼를 사랑하는 목자, 자식을 사랑하는 부모의 마음을 회복해야 한다. 목자는 양들을 위해 세워졌다. 목자를 위해 양들이 존재하는 것이 아니다.

교회의 본질 회복

한국 교회는 분명 위기를 맞고 있다. 이 위기는 평신도의 위기가 아니라 목회자의 위기다. 교회는 무엇인가? 교회는 왜 존재하는가? 수많은 상황론적 교회론이 성행하고 있는 현실 속에서 성경적인 교회의 모습은 어떠해야 하는가? 교회의 본질을 바로 이해할 때 성경적인 평신도의 위치와 역할을 제시하는 목회철학이 세워질 수 있다.

하나님 앞에서 목회자와 평신도는 평등하다. 다만 주어진 역할과 임무가, 즉 기능이 다를 뿐이다. 평신도를 제자화 하는 일이나 평신도를 사역자로 세우는 일은 목회에 있어 일시적인 방법론이 될 수 없다. 성경이 제시하는 '교회'를 지향하기 위한 근본적 과제가 되어야 한다. 그러므로 목회자는 먼저 스스로에게 '교회'가 무엇인가를 묻고 그 해답을 찾아야 한다. 그것이야말로 제자훈련을 시작하는 든든한 뿌리가 될 것이며 평신도들을 무대 위로 끌어올려 동역하는 원동력이 될 것이다.

이 책은 바로 그 물음에 대한 답을 준다. 이 책은 교회의 부흥에 목적을 두고 그 방법을 알려주기 위한 책은 아니다. 다만 성경적 교회론을 실제 목회현장에 적용하여 얻어진 열매들을 그대로 나열해 놓았다. 특히 가정교회 모델을 통해 교회가 세상에 왜 존재해야 하는가, 그리고 평신도를 제자화 하는 일이 얼마나 중요하고 보람 있는 일인가를 보여주는 책이다.

아무쪼록 이 글을 통해 제자 사역과 가정교회 사역이 건강한 주님의 교회를 이루어 나가는 데 초석이자 열매임을 알게 되기를 바란다.

1장

New Paradigm of the Church

오늘을 뛰어넘어 희망의 내일로

"인자가 온 것은 섬김을 받으려 함이 아니라 섬기려 하고 자기 목숨을 많은 사람의 대속물로 주려함이라."(막 9:45)라고 하였으니, 교회는 희생·봉사·사랑의 예수를 보여 주는 장소가 되어야 한다.

오늘의 교회는 "그리스도 예수를 주로 받았으니 그 안에서 행하되 그 안에 뿌리를 박으며 세움을 입어 교훈을 받은 대로 믿음에 굳게 서서 감사함을 넘치게 하라."(골 2:6~7)라는 바울의 교훈을 따라야 한다. 또한 우리는 바울이 디모데에게 "마지막 때에 어떤 사람들은 믿음에서 떠나 미혹케 하는 영과 귀신의 가르침을 좇으리라."(딤전 4:1)라고 말한 대로, 오늘의 한국 교회가 믿음에서 떠나 명예, 물질, 지위, 지배욕, 기득권, 권세 등 세상 풍속을 따르고 있지는 않은가 반문해 보아야 한다.

한국 교회는 해방 이후 부흥을 구가해 왔다. 그러나 한국 경제가 성장하면서 교회까지 물질주의와 성장제일주의에 도취되어 변질되어 가고 있다. 정의와 심판을 두려워하지 않고, 내적 성숙은 뒤로한 채 외적 성장만을 추구하며, 이름은 있으나 생명이 없는 교회로 변모되어가고 있는 것이다.

교회 건물이 크면 무엇하겠는가. 교인 수가 많다고 하지만 그들 모두가 믿음의 사람이라고 자랑할 수 있겠는가. 많은 교인들이 이 사회에 좋은 영향은 주지 못하고, 도리어 대형 참사나 크고 작은 부정한 일에 이름을 올려 놓았으니, 교인이라고 머리 들고 다니기가 민망하다.

교회는 예수 그리스도를 이 세상에 드러내 보여야 한다. 그렇기 때문에 예수 그리스도가 느껴지지 않는 교회, 예수의 정신과 사랑의 실천을 찾아볼 수 없는 교회는 아무리 많은 사람이 모여도, 헌금 액수가 아무리 많아도, 대 사회적인 거창한 사업을 한다고 떠들어도 종교 단체는 될 수 있겠지만 '예수의 몸'이라고 할 수는 없다.

"인자가 온 것은 섬김을 받으려 함이 아니라 섬기려 하고 자기 목숨을 많은 사람의 대속물로 주려 함이라."(막 9:45)라고 하였으니, 교회는 희생·봉사·사랑의 예수를 보여 주는 장소가 되어야 한다.

비록 교인 수가 적고 교회당은 초라하고 교역자가 유명하지 않아도, 목회자와 성도가 예수 닮은 건강한 제자로서 믿음으로 굳게 서 있다면, 그런 교회야말로 살아 움직이는 교회요 예수의 몸 된 교회인 것이다.

예수께서 수난을 각오하고 예루살렘으로 향하는 도상에서 제자들이 "우리에게 믿음을 더하소서."(눅 17:5)라고 한 것은 그 당시에도 적절한 요구였지만, 바로 오늘을 사는 우리에게 요구되는 믿음이기도하다. 초대 교회의 신앙을 회복해야 교회의 사명을 다할 수 있다.

성장 지상주의에서 벗어나 복음의 본질을 회복하자

우리가 자랑스럽게 생각하는 한국 교회의 부흥을 한번 살펴보자. 그것이 과연 정상적이고 건강한 성장이었는가 반문해 보아야 한다. 이 의문에 대한 해답은 음지에서 자란 식물과 양지에서 자란 식물의 예를 통해 쉽게 확인할 수 있다. 단기적으로는 양지의 식물보다는 음지의 식물이 훨씬 빠른 성장을 보인다. 하지만 음지에서 자란 식물은 약한 바람에도 쉽게 부러지고, 양지에서 정상적으로 자란 식물은 바람이 웬만큼 불어서는 쓰러지거나 부러지지 않는다.

한국 교회가 정상적이고 건강하게 성장하지 못했다는 것은, 교회가 나라와 민족에게 참 소망과 참 생명을 주지 못했다는 사실 하나만으로도 충분히 짐작할 수 있다. 말로는 소금이요 빛이라 요란하지만 실은 짠맛과 광원을 잃은 소금과 빛에 불과하다. 70년대 이후 한국 교회는 성장에 탄력을 받았다. 교회의 모든 활동과 집회는 양적인 성장에 가치를 두고 진행됐다. 작은 교회는 작은 교회대로, 큰 교회는 큰 교회대로 제 몸집 늘리기에만 열중했다. 내적으로 성숙하지 못하고 성도 수를 늘리는 일에만 몰두해 온 것이 오늘날 한국 교회의 자화상이 아닌가. 게다가 성장주의에 빠진 한국 교회에 물질 만능주의와 세속적인 대중문화가 유입되면서, 한국 교회는 성숙과 성장을 방해받았다.

이제 한국 교회는 자만과 착각에서 깨어나야 한다. 더 이상 허상과 허수만을 좇는 우를 범해서는 안 된다. 남들은 우리의 외적인 성장만

보고 박수를 쳐주지만, 우리에게는 자신을 돌아보는 성찰의 시간이 절실히 필요한 때다. 교회와 성도의 본질을 회복해야 한다. 그래야만 교회가 산다.

복음의 소망 가운데로 나아가자

사도행전에서 보여주는 초기 신앙공동체의 모습은 한국 교회가 본받아야 할 복음의 정체성을 제시하고 있다. 당시는 기독교에 대한 핍박이 극심한 상황이었다. 로마의 최고 권세자인 황제를 향해 "가이사여, 당신은 우리의 주님이십니다."라고 외치도록 강요받던 시기였다. 그러나 초대 교회 성도들은 정치 권력에 저항하며 "예수 그리스도는 우리의 주님이요, 살아 계신 하나님의 아들이고, 만왕의 왕이며, 최고의 권세자이십니다."라는 확고한 신앙고백을 했다. 그 결과 견뎌내기 힘든 고난을 당했고, 짐승의 밥이 되는 핍박을 받았다. 그러한 환란과 핍박 속에서도 그들은 복음의 소망 가운데 서 있었다. 그리고 흔들리지 않는 믿음을 소유했다. 그 결과 하나님의 능력이 그들을 보호했고, 교회는 날로 부흥해 갔다.

우리는 이러한 역사적 사실을 통해 예수 그리스도의 복음이 순수성을 유지할 때, 아무리 외적 조건이 열악하더라도 하나님은 예수 그리스도를 믿는 개인과 공동체 속에 함께하셔서 놀라운 능력을 부여하시면서 복음의 빛을 드러내신다는 교훈을 배울 수 있다. 그러나 십자가의 복음이 순수성을 잃고 세속문화와 야합하여 혼합주의로 빠진다면, 신앙공동체 속에 자리해야 할 복음은 변질되고 싸구려 복음과 값싼 은혜로 전락해, 결국은 경건의 겉모양은 화려하나 성령의 능력은 상실되고 만다는 사실도 함께 배울 수 있다.

미래학자들은 21세기가 각종 사이비 종파들의 급부상과 함께 종교적(영적) 혼란을 맞게 될 것이라고 예측했다. 이런 때일수록 한국 교회는 예수 그리스도를 믿는 믿음으로 확고히 무장해야 한다. 초대 교회는 교회당도 없었고, 프로그램도 화려하지 않았다. 그럼에도 불구하고 그들이 창조적 소수의 대열에 설 수 있었던 것은 복음 전파의 소망에서 흔들리지 않았기 때문이다.

역사학자 토인비는 초대 교회의 소수집단이 당시 세계를 정복할 수 있었던 요인을 다음과 같이 분석했다. 성령강림 후 십자가의 진리(복음)를 깨달은 그들은 무엇보다 생명의 가치를 인식했고, 생명을 존중하는 그들의 사랑이 이웃을 섬겼으며, 이방인들도 똑같이 사랑했다. 그리고 그들은 부활을 내다보았기에 자신의 삶을 아끼지 않았고 생명까지 하나님 나라를 위해 내놓았는데, 이러한 사랑의 힘이 결국 로마를 정복할 수 있었다는 분석이다.

오늘 한국 교회의 위기는 십자가의 복음이 변질되고 있다는 데 있다. 교회에 속한 많은 교인들은 개인적 출세의 방편이나 세속적인 축복을 위해, 자신을 희생하기보다는 개인의 사리사욕을 충족시키려는 '값싼 은혜' 속에 안주하기를 바라는 신앙생활의 양태를 보이고 있다. 그러나 예수님의 골고다 길은 우리에게 '의를 위해 고난받는 일이 얼마나 복되고 가치 있는 길인가'를 가르쳐주고 있다.

생명력 있는 교회, 생명력 있는 평신도

생명 없는 존재는 또 다른 생명을 낳을 수 없다. 우리가 예수의 생병을 받지 못하면 예수의 제자로 바로 설 수 없으며, 예수를 닮은 삶을 창출할 수 없다. 예수의 생명이 없는 그리스도인은 엄밀한 의미에서 그리스도인이 아니다. 예수의 생명이 없는 교회도 진정한 교회가 아니다. 어느 신학자는 "그리스도인으로서의 정체성을 분명히 하면서 존재하는 자체가 곧 선교다."라고 했다. 그리스도인으로서의 정체성이란 예수의 인자(因子)를 받은, 그리스도인으로서의 본성을 지니는 것을 의미한다.

평신도가 생명력을 잃으면 교회도 함께 생명력을 잃는다. 빌 하이벨스 목사는 "목사는 평신도 사역자에게 힘을 실어줘야 하며, 평신도는 소그룹에 소속해서 자신에게 주어진 은사에 따라 사역을 감당해야 한다."고 했다.

21세기 교회는 사회·문화의 변화에 적극적으로 대처하고 창의성과 개성이 있는 목회를 하는 교회, 개혁하는 교회, 팀 리더십을 구축하는 교회, 복음적이고 영적인 교회, 세상 속에 존재하는 교회, 가정과 더불어 행동하는 교회, 비전과 리더십이 분명한 교회, 평신도가 주역이 되는 교회, 전도와 선교에 목숨을 거는 교회가 돼야 한다.

온누리교회 하용조 목사는, 이상적인 교회는 "성경적인 원리와 방법을 그대로 실천하는 교회를 의미한다."면서 이상적인 교회가 되기 위한 세 가지 조건으로 성령에 의해 움직이는 교회, 평신도들이 능동적으로 움직이는 교회, 사명에 의해 움직이는 교회 등을 들었다. 또한 이상적인 교회의 모습으로는 참된 예배자에 의한 예배 공동체, 성령 충만한 사역자에 의한 성령 공동체, 능력 있는 전도자에 의한 선교 공동체 등을 제시한 바 있다. 그리고 "가장 이상적인 교회는 목회자가 평신도를 동역자로 생각하는 교회요, 동시에 모든 평신도들이 목회자처럼 움직이는 교회"라고 했다.

평신도와 목회자는 구별되어서는 안 된다. 모든 평신도들은 자신이 처한 곳에서 주님이 맡기신 일을 감당하는 사역자로, 직장, 가정, 지역사회, 교회에서 하나님의 일을 하는 사역자로 인식돼야 한다. 평신도는 교회의 핵심이며, 모여있는 교회(에클레시아)와 흩어져 있는 교회(디아스포라) 사이를 연결시켜 교회로 하여금 '교회 되게' 하며, 복음과 세상을 만나게 해주는 가교(架橋)이다. 우리는 평신도가 목회자의 보살핌을 받아야 하는 양떼에 불과한 것이 아니라, '동역자' 요 '교회' 인 동시에 그들이 교회를 만들고 있다는 것을 잊어서는 안 된다.

New Paradigm of the Church   2장

한국 교회의 새로운 대안 '가정교회'

> 평신도와 목회자 모두 오직 예수 그리스도를 믿는 믿음을 통해 하나님께
> 직접 나아갈 수 있는 존재이기 때문이다.
> "모든 평신도는 하나님 앞에 나아갈 자격이 있으며, 서로 기도할 수 있고,
> 하나님에 관한 것을 서로 가르칠 수 있다."

'성장'이란 단어는 언제나 우리에게 환상을 심어준다. 그런 만큼 '교회 성장'은 한국 교회 복음의 역사와 그 괘를 같이 하며 교회의 최대 관심사로 대두되어 왔다. 1907년 부흥사경회를 기점으로 폭발적 성장을 구가하던 한국 교회는 80년대 후반부터 정체, 내지는 마이너스 성장이 계속되자 몸이 달았다. 그리고 교회 성장을 위한 새로운 대안으로 서구의 다양한 성장 이론이 도입되고 있다.

다양한 성장이론들이 몰려오자 침체된 한국 교회는 제2의 부흥에 대한 기대로 부풀었다. 그러나 이들 성장이론은 한국 교회에게 희망

과 좌절을 동시에 안겨줬다. 검증되지 않은 이론의 도입으로 많은 교회들은 시행착오를 겪어야 했다. 이러한 열매만을 중시하는 성급함으로 인한 실패들은 고스란히 한국 교회의 부담으로 다가왔다.

목표는 분명히 해두되, 그 목표에 도달하기 위해서는 다양한 방법들이 시도돼야 한다. 전략과 전술은 분명히 다르다. 전략은 목표가 달성될 때까지 변하지 않는 반면에 전술은 수시로 바뀔 수 있다. 누군가 성공한 이론이라고 해서 '나도 성공할 수 있다'는 섣부른 판단은 금물이다. 각각의 교회가 처한 환경이나 성도들의 의식 수준, 내지는 학력 수준 등 내·외적인 조건에 따라 목회의 결과는 판이하게 달라진다. 여기에서는 실천신학자들의 '교회 성장에 대한 완벽한 원리는 없다.'는 지적을 유념해 둘 필요가 있다.

이미 교회의 패러다임이 변해야 교회가 성장한다는 주장이 일고 있으며, 이것은 21세기를 맞는 한국 교회의 공통 명제임에는 틀림없다. 그러나 한국 교회는 그 패러다임의 전환을 위한 적절한 대안을 찾지 못해 침체기를 벗어나지 못하고 있는 실정이다. 그런 면에서 '셀그룹목회'는 대안적 패러다임으로 손색이 없다.

'셀그룹목회'는 셀의 대가라 할 수 있는 벡헴, 로렌스 콩, 랄프 네이버가 한국을 방문해 셀목회를 통한 교회 성장 이론을 소개하면서 유명세를 타기 시작했다. 셀그룹 세미나는 1,000여 명의 목회자가 몰릴 정도로 성황을 이루었으며, 셀그룹목회는 교회 성장의 새로운 대안으로 급부상했다. '셀목회'는 주님이 초대 교회에 부어주신 교회의 원형을 회복하는 데 초점을 맞추고 있다. 그것은 다름 아닌 '헌신'과 '사역'이다. 교회가 '교회'될 수 있는 것은 성도들이 각각의 사역을 감당하는 일꾼으로 세워지기 때문이며, 그 일꾼들의 교회에 대한 헌신과 사랑이 간절하기 때문이다. 한국 교회에 있어 이것은 분명한 대안이다. 실제로 그 가능성은 여러 셀그룹 교회들을 통해 증명되고 있다. 많은 사람들이 "제2의 종교개혁은 교회론의 개혁이 될 것이다."라고 주장한다. 이 주장대로라면 개혁은 다름 아닌 셀의 회복이 될 것이다.

미국의 윌로우크릭커뮤니티교회를 비롯해 뉴호프커뮤니티교회, 영국 런던의 물고기교회, 그리고 싱가포르 신앙공동체침례교회(FCBC, Faith Community Baptist Church) 등은 셀그룹목회로 괄목할 만한 성공을 거두며 세계 교회의 주목을 받았다. 그 열풍이 한국을 그냥 지나칠 리 없었다. 각 출판사들은 이에 편승해 잇따라 신간을 출간했고, 소그룹목회 열풍은 전염병처럼 전국을 강타했다. 이토록 목회자들이 소그룹을 지향하며 관심을 갖는 이유는 무엇일까? 이유는 간단하다.

첫째, 전통적인 목회가 가지고 있는 한계와 갈등 때문이다. 목회자와 평신도로 대별되는 수직적인 목회는 이제 한계점에 이르렀다. "이대로가 좋사오니" 하며 안주해 버린다면 얼마 가지 않아 교회가 몰락할 것을 우리는 너무도 잘 알고 있다. 전통적인 목회방법을 고집한다면 목회의 능력이나 생명력은 영원히 나타나지 않을 것임을 대부분의 목회자들은 잘 알고 있다. 목회자 혼자 '원맨쇼'를 하던 시대는 지났다. 평신도 한 사람 한 사람의 능력이 절실히 요구되는 현실에 우리는 처해 있다.

둘째, 현대인들은 고독하기 때문이다. 사람이 느끼는 가장 혹독한 고독은 무엇일까. 그것은 군중 속에서 느끼는 고독이다. 헤아릴 수 없이 많은 사람들 속에 있지만 왠지 혼자라는 생각이 들 때 인간은 심한 고독을 느낀다. 교회 또한 세상과 동떨어진 존재가 아니다. 항상 세상과 맞물려 돌아갈 수밖에 없다. 현대인은 하루가 다르게 변하는 세상 속에서 표류하며 방황하고 있으며 이는 교회 안에서도 마찬가지다. 교회가 대형화될수록 성도 개개인은 스스로의 존재가치를 느끼지 못한 채 교회에 출석한다. 그저 예배에는 의무적으로(또는 습관적으로) 참석할 뿐이다. 그리고 '어느 교회의 성도'라는 저급한 수준의 자존심을 갖고 살 뿐이다.

그런 그들에게 어떤 능력을 기대하고, 어떤 생명력을 기대할 것인가. 그들은 안정된 환경 속에서 소속감을 갖기를 갈망한다. 소그룹 모임은 현대인의 이러한 외로움과 소외감을 채워주며 영적인 치유를 받도록 도울 수 있다. 또한 다양한 소그룹의 형태 중에서도 특히 '가정교회'는 이런 현대 목회의 한계와 단점들을 극복할 만큼 가장 좋은 분위기, 혹은 가장 이상적인 환경을 제공한다. 그러므로 가정교회는 성공적인 목회 방법의 한 종류나 옵션이 아니라, 반드시 교회가 시행해야 할 필수사항인 것이다.

Ⅰ. 왜 가정교회인가

가정교회는 성경에 기초한 사역이다

가정교회를 일시적인 신학사조나 방법으로 이해해서는 곤란하다. 가정교회는 성경이 보여주는 초대 교회의 본질과 소명에 일치하는 모델이다.

복음서에서는 가정과, 가정의 성격에 대한 비유들이 풍부하게 들어 있다(마 21:33 이하). 가정은 교회의 성장과 안정에 중요한 요소다. 이미 유대교 가운데 가정은 유월절의 종교의식, 즉 일주일 간의 성스러운 음식과 기도와 교육을 담당하는 배경이 된다. 누가는 사도행전 2장 46절에서, '떡을 떼는 일'이 '가정들에 의해' 예루살렘교회에서 일어났다고 언급한다.

헬레니즘 도시에서의 교회 건설에도 가정의 역할은 중요했다. 이방인들과의 첫 접촉은 집안의 종들과 친척들, 가까운 친구들로 구성된 가이사랴의 고넬료 가정에서 이루어졌다(행 10:7, 24). 바울이 유럽으로 건너갔을 때, 교회는 루디아 가정과, 간수 가정의 세례로 세워졌다(행 16:15, 31~34). 예루살렘교회에서 가정들은 명백히 하나의 단위체로써 교훈을 받았고(행 5:42), 이것은 바울이 에베소 장로들에게 상기시켰던 것처럼 초대 교회의 관례였다(행 20:20). 그리스도인 가정의 구성원들의 의무를 설명하는 정기적인 교리문답도 있었다.

골로새서 3장 18절~4장 1절과 에베소서 5장 22절~6장 9절, 그리고 베드로전서 2장 18절~3장 7절을 보면 브리스가와 아굴라(롬 16:5, 고전 16:19), 눔바(골 4:15), 빌레몬(몬 1:2)의 가정에 있는 교회에 대한 언급이 있다. 이것은 그 가정이 '교회' 그 자체로서 인정됐거나, 특정 지역 안에서 교회의 역할을 충분히 감당하고 있었다는 것을 의미한다.

교회 자체가 하나님의 가정(엡 2:19, 그곳에서 인간은 성스러운 나라의 시민으로 결속된다.), 또는 신앙의 가정(갈 6:10)으로 간주돼야 한다는 것은 새삼스러운 일도 아니다. 신약에서 교회는 '에클레시아'

로 불리는데, 이는 대체로 한 지역의 그리스도인들의 회중(모임)을 의미한다. 결코 건물을 의미하는 것이 아니다. 우리는 흔히 이 회중들의 모임을 집합적으로 신약 교회, 또는 초대 교회라고 말하지만 신약의 어떤 기자도 에클레시아를 집합적 의미로 사용하지 않는다. 그들은 일반적으로 에클레시아를 '합법적으로 소집된 시민들의 공적모임'이라 일컬었다. 사도행전, 야고보서, 요한삼서, 요한계시록과 바울 초기 서신에서 교회는 항상 특정 지역의 회중이었다. 교회는 '하나님의 백성'에 대한 동의어가 아니다. 오히려 '하나님의 백성'의 '활동'을 의미한다.

가정교회는 성경에 근거한 진정한 교회의 모습을 회복해 나가는 힘든 작업인 동시에 초대 교회의 지역 교회 모습을 성취해 가는 의미 있는 사역인 것이다.

구성원이 신앙 안에서 함께 성장할 수 있다

가정교회는 그 구성원이 영적으로 하나님의 한 가족임을 깊이 느낄 수 있는 현장이다. 가정교회의 구성원들은 가정교회를 통해 예수 안에서 한 피 받아 한 몸 이룬 형제·자매임을 체험한다. 함께 식사하고, 삶을 나누고, 생명력 있는 말씀을 공부하고, 함께 예배 드리고 받은 은사대로 일하면서 주 안에서 하나됨을 경험하는 것이다. 서로 지체의식을 가지고 있어 안정감과 소속감이 강하다. 이러한 안위와 강한 소속감은 사역과 전도의 폭발력을 배가시키는 에너지원이 된다. 또한 자신 안에 있는 깊은 것들을 털어놓을 수 있을 만큼 신뢰를 바탕으로 한 공동체이기 때문에 상한 감정에 대한 치유 효과도 크다.

평신도 지도자가 마음껏 사역할 수 있다

'평신도 사역자'는 이제 우리에게 그리 낯선 말이 아니다. 하지만 우리는 아직도 '평신도 사역자'를 인정하는 일에는 인색하다. 평신도와 성직자(목회자)를 수직적 관계로 인식하고 있기 때문일 것이다. 대부분의 전통적인 교회들은 아직도 평신도를 사역자로 세우는 일을 꺼리고, 마음껏 사역할 수 있는 현장을 제공하지 않고 있다.

한국 교회는 지금 위기를 맞고 있다. 그 위기는 평신도의 위기가 아니라 목회자의 위기다. 평신도들은 점점 깨어 사역하기를 희망하는데 목회자들은 평신도들을 등용하여 사역자 혹은 동역자로 세우는 것을 꺼리고 있기 때문이다. 평신도는 영적인 지위에서 목회자와 대등하다. 평신도와 목회자 모두 오직 예수 그리스도를 믿는 믿음을 통해 하나님께 직접 나아갈 수 있는 존재이기 때문이다. "모든 평신도는 하나님 앞에 나아갈 자격이 있으며, 서로 기도할 수 있고, 하나님에 관한 것을 서로 가르칠 수 있다."는 것이 마르틴 루터(Martin Luther)의 생각이었다. '만인사제주의'(universal priesthood of believers)는 루터의 이 같은 생각에서 출발한다. 가정교회는 평신도를 사역자로 세워, 그들이 목회자와 함께 양떼를 부지런히 살피며 양육하는 일을 감당할 수 있도록 좋은 환경을 제공한다.

선교와 전도에 효과적이다

교회의 존재 목적이 무엇인가. 지상 최고 명령이 무엇인가. 바로 전도와 선교가 아닌가. 가정교회를 통한 전도와 선교는 엄청난 힘을 발휘한다. 가정교회야말로 평신도들이 복음 전도를 위해 가장 강력하게 쓰임 받을 수 있도록 돕는 최적의 도구이다. 각 가정교회별로 각 구성원들이 가족 이상의 친밀한 관계 속에서 전도하며, 선교할 수 있기 때문이다. 또한 각 나라의 선교사들과 각 가정교회를 연결(영친)하여 협력할 때 선교에 대한 관심과 열정은 증폭될 수 있다.

장소의 제약이 없다

한국 교회는 그동안 교회의 외형적 치장에 너무 많은 에너지를 낭비해왔다. 교회 건물이 목회자의 열매를 평가하는 잣대인 양 인식되어 왔다. 더 큰 교회, 더 많은 성도를 꿈꾸며 목회 인생을 걸어온 것이 대다수 목회자들의 부끄러운 자화상임을 부인할 수 없을 것이다. 또한 아무리 큰 교회를 세운다 해도 얼마 가지 않아 수용의 한계에 부딪힌다. 그렇다고 무턱대고 교회당만 크게 지을 수는 없을 것이다.

가정교회는 장소와 규모의 제한을 받지 않고 무한대로 확장할 수 있다는 점에서 큰 이점을 가지고 있다. 지역적 제한 또한 없다. 구성원들이 긴밀한 관계를 유지하고, 사역을 감당할 만한 토양만 갖추어진다면 장소로 인해 곤란을 겪지는 않을 것이다. 가정·셀(cell)교회에서는 건물을 교회 형성으로 보지 않는다. 전통적 교회는 성장하기 위해 건물을 지으나, 가정·셀교회는 성장하고 건물을 짓는다.[5]

II. 건강한 교회를 향한 비전

주님이 기뻐하시는 건강한 교회를 시작하다

화평교회는 1988년 1월 30일, 주님이 기뻐하시는 건강한 교회를 이루겠다는 비전으로 나의 가족과 3명의 형제들에 의해 시작됐다. 화평교회가 위치한 고양시 원당 지역은 초기에는 인구 5만 정도의 위성도시로서 주변 환경은 농촌과 별 다를 바가 없는 읍 소재지였다.

이러한 지역에 화평교회가 54번째 교회로 설립되었다. 1년을 지내다 보니 교인의 절반 이상이 서울이나 다른 도시로 이주해 갔다. 이런 상황에서 성도들을 장기간 양육하는 것을 목표로 삼고 목회하기에는 큰 어려움이 따랐다. 그러나 개척한 지 5년이 지나면서부터는 지역 환경에 변화가 일기 시작했다. 신도시로 개발되면서 대단위 아파트 단지가 들어섰고, 인구도 20만 명 이상으로 급증했다. 고양시 전체

개척 당시 화평교회 건물의 모습

설립 6주년 감사예배

로는 80만 명이 넘는 중대형 도시로 변모하게 됐다.

　개척 초기에는 '배우고 가르치며 행하는 교회' 라는 슬로건과 비전을 가지고 가르치는 일, 훈련하는 일에 역점을 두었다. 자원의 빈곤과 나의 경험 부족, 그리고 인구 유동이 심한 지역적 사정 때문에 목회에 어려움이 많았음에도 불구하고, 2~3년이 지나면서부터 교회는 점점 안정과 견고함 속에서 성장해갔다. 교세가 확장됨에 따라 제자훈련 사역이 더욱 활기를 띠기 시작했으며, 1998년 이후부터는 제자훈련에 기초한 '가정교회' 를 시작하여 지금까지 평안함과 든든함 속에서 꾸준히 성장해가고 있다.

　화평교회는 2000년 말 현재 장년 500여 명과 주일학교(유치부, 유·초등부, 중·고등부) 400여 명이 모이고 있으며, 7명의 교역자와 훈련된 평신도 사역자 100여 명이 교회를 섬기고 있다. 여느 교회와는 달리 젊은 층의 성도가 많고 남자 성도가 많은 것이 화평교회의 특징이자 장점으로 작용하고 있다. 현재 두 가정을 해외 선교사로 파송했고, 각 가정교회별로 수십 개 처소에 선교협력사역을 하고 있다.

　현재 화평교회에는 39개의 가정교회가 있다. 일년 예산 5억 원 중 약 1억 원 정도를 선교비로 지출하고 있으며, 교회 건물은 상가 800㎡를 매입 및 임대하여 예배실과 교육 공간으로 사용하고 있다.

1999년에는 화정지구에 2,500m²의 토지를 성전부지로 구입했다. 30대 후반과 40대가 전체 교인의 70퍼센트를 차지하며 생활 수준은 중간 정도, 학력 수준은 중간 이상이라 볼 수 있다.

제자훈련 시작과 실패, 그리고 새로운 도전

설립 이후 5년까지는 한마디로 시행착오의 연속이었다. 또한 열매가 쉽게 보이지 않는 갈등의 시기였다. 그 이유로는 제자훈련에 대한 나의 목회 경험 부족과 훈련할 준비된 제자가 부족했다는 점, 그리고 지역적인 상황을 들 수 있다.

나는 성인을 대상으로 목회현장에서 제자훈련을 해 본 경험이 없었다. 하지만 신학교 재학시절부터 부교역자로서 젊은이들을 대상으로 성경공부를 지도한 경험을 많이 가지고 있었다. 그런 이유에서 막연한 기대와 자신감으로 제자훈련을 시작하게 된 것이다. 그러나 그것이 패착(敗着)이었다. 모든 것은 나의 예상을 빗나갔다. 나는 내가 실시한 제자훈련 방법과 기술적인 면에 문제가 있다는 사실을 실패의 쓴맛을 본 후에야 깨달을 수 있었다. 짧은 목회 경험을 너무 과신한 것이 나의 문제였고, 그랬기 때문에 나는 한계에 부딪쳐도 도무지 해결 방안을 찾을 수가 없었다.

제자훈련에 실패한 대부분의 목회자들은 나와 같은 우를 범했거나, 또 그렇게 하고 있다. 막연한 자신감과 기대감은 금물이다. 목회자 자신이 제자훈련에 대한 확고한 비전과 확신이 없다면 전략 없이 전장에 나선 장수와 다를 것이 없다.

물론 제자훈련이 제대로 되어있지 않은 상황에서 가정교회를 시작한다는 것은 언어도단(言語道斷)이고 사상누각(砂上樓閣)이다. 제자훈련은 가정교회의 기초를 닦는 일로 매우 중요한 부분을 차지한다. 하지만 철저한 준비와 각오가 선행되지 않는다면 실패의 쓴 잔을 피할 수 없다. 제자훈련과 가정교회는 아귀가 잘 맞는 톱니바퀴와 같다. 제자훈련은 동력을 전달하는 축과 연결된 톱니바퀴이고, 가정교회는 제자훈련이란 톱니바퀴를 통해 동력을 전달받아 또 다른 톱니바퀴에 힘을 전달한다. 쉽게 말하면 제자훈련이라는 '토양'이 잘 갖춰져야 가정교회라는 '씨앗'이 뿌리를 내릴 수 있고 건강한 교회라는 '열매'를 수확할 수 있다는 것이다.

또한 제자훈련을 처음 시작하는 목회자 대부분이 겪는 시행착오 중 하나가 자원선발 문제다. 이 문제는 자원부족에 기인한다. 대부분의 목회자들이 제자훈련에 대한 의욕이 앞서다보니 다소 함량미달이 되어도 제자반을 시작한다. 그러나 이렇게 시작된 제자반은 얼마 가지 못해 종말을 맞고 만다.

나의 경우도 예외는 아니었다. 자원이 부족했지만 열의가 앞서 성도들이 어느 정도 성숙할 때까지 기다릴 만한 마음의 여유를 가질 수 없었다. 훈련받고자 하는 열의나 기대가 아직 없는 성도들에게 제자훈련을 받도록 강요했고, 결국 준비되지 않은 상태에서 훈련을 받다보니 중도에 포기하는 사람이 생겼다. 변화와 성숙도 나타나지 않아 많은 한계를 느껴야만 했다. 한 예로 3명의 남자 성도와 함께 새벽에 제자훈련을 하는데 5개월 정도 지나니까 한 명은 이사하고, 한 명은 교회 출석마저 하지 않고, 다른 한 명은 변화의 기미가 전혀 보이지 않아 결국 제자반을 그만두고 말았다.

예견된 결과였지만 의욕이 앞서 제자훈련을 시작해야겠다고 마음먹은 목회자의 눈에 이런 약점들이 보일 리 없다. 일단 시작하면 하나님께서 도와주실 것이란 막연한 믿음에서 출발하기 때문이다. 제자를 만드는 일은 하나님의 은혜가 필요하지만, 지도자의 역할과 능력도 중요하다. 지도자의 능력이 갖춰진 후에 훈련자의 열성과 하나님의 은혜를 논할 수 있을 것이다. 준비되지 않은 훈련생을 붙들고 백날 씨름해봐야 아무 소용이 없고, 거기에서는 어떤 하나님의 은혜도 발견할 수 없을 것이다. 오히려 실족하여 영적으로 방황하는 훈련생들로 인해 교회가 어려움을 겪을 수 있다는 점을 잊지 말아야 한다.

마지막으로 화평교회 개척 당시 일산은 서울의 위성도시로서 정착인구보다는 서울로 빠져나가는 유동인구가 더 많았다. 일 년이 지나고 나면 등록자의 절반 이상이 서울 등 다른 도시로 떠나가는 실정에서 제자훈련이나 성경공부가 정착될 리 만무했다. 더군다나 남아있는 사람도 부부가 맞벌이를 하거나 아이들이 하나 둘씩 있기 때문에 제대로 된 교육과 훈련이 이루어지지 않았다.

개척 5년 이후부터의 제자훈련

이러한 시행착오들을 겪고 주변 상황들도 호전되기 시작하면서 제자훈련의 아름다운 열매들이 나타나기 시작했다. 개척 초기 갈등을 가지고 있었던 부분들이 해결되었기 때문이다.

나는 1994년 3월 국제제자훈련원의 제자훈련지도자세미나에 참석하여 현장을 보고, 지금까지 내가 해왔던 제자훈련의 미숙한 부분들을 발견할 수 있었다. 그러는 사이 교회 주위 환경도 많이 달라졌다. 신도시로 발전하면서 주민들의 생활이 안정되어 유동인구가 적어진 것이다. 따라서 등록하는 교인들의 숫자도 증가해 제자훈련을 할 자원이 많이 생기게 되었다. 그때부터 제자훈련 초기에 겪었던 갈등들이 사라지고 제자훈련에 대한 확신과 재미가 붙었으며, 그것에 비례하여 날이 가고 해가 거듭될수록 수많은 열매와 변화들이 교회 안에서 일어나기 시작했다. 제자훈련 받은 사람들을 연도별로 살펴보면 아래 도표와 같다.

〈표 1〉 제자훈련 받은 사람 수

연 도	1988~1992	1993~1994	1995~1996
수료자	19명	17명	50명
연 도	1997~1998	1999~2000	2001년
수료자	52명	42명	31명

III. 제자훈련 사역의 실제

모집과 자격

- 본 교회 등록한 지 6개월 이상 된 자
- 양육반(13주) 과정을 마친 자
- 연령은 만 33세에서 55세 미만
- 가정교회에 현재 출석하고 있는 자
- 배우자의 허락을 받은 자
- 1차적으로 가정교회 지도자의 추천을 받은 자

훈련대상자 사전점검 사항[6]

앞서 지적한 바와 같이 제자훈련생을 선택하는 것은 중요한 일이다. 자원이 없다고 무분별하게 선택하면 일 년 가까이 헛수고 할 수도 있다. 또한 지도자나 훈련자 모두 힘들 수 있다. 그러므로 제자훈련생 선택을 위해 기도하고 사전에 철저한 준비를 해야 한다. 신청자의 수가 적어도 꼭 훈련받아야 할 사람을 선택하여 훈련해야 많은 변화와 성숙을 맛볼 수 있다. 또 그 사람이 다른 지체들에게 끼치게 될 영향이 크기 때문에 훈련생 선발에 신중해야 한다.

제자훈련 모집광고는 전체적으로 하되 신청자가 많은 경우는 선발한다. 반면 지원자가 적을 경우 그들을 모두 훈련에 참가시키기보다는 지도자(목회자)가 평상시에 훈련받으면 주님의 제자로서 크게 헌신할 수 있겠다고 생각해 두었던 성도를 만나, 개별적으로 권하는 것도 좋은 방법 중의 하나다. 훈련생 숫자에 연연해서는 안 된다. 숫자에 연연하다보면 자칫 훈련을 망칠 수 있기 때문이다. 단기간에 열매를 거둘 생각도 금물이다. 첫 해에 단 몇 명으로 훈련을 시작해도 그들이 주님의 제자로 바로 선다면 그 훈련은 성공적인 것이다.

훈련자는 다음과 같은 11가지를 기준으로 점검해 보고 선발한다.

- 지원 동기가 무엇인가?
- 제자훈련 받기에 시간을 낼 수 있는 사람인가?
- 경건생활이나 교회 모임에 어느 정도 열심을 내는가?
- 언제부터 신앙생활을 했는가?
- 신앙의 배경이 어떤가?

- 구원의 확신은 있는가?
- 그 동안 교회 안에서 어떤 봉사를 해왔는가?
  현재 교회 안에서 어떤 봉사를 하고 있는가?
- 훈련받으면 앞으로 어느 사역에서 헌신하기를 원하는가?
- 하나님과 사람과의 관계가 어떤가?
- 훈련받은 후 평신도 사역자로 쓰임 받기에 합당한 사람인가?
- 신앙 성장의 가능성이 어느 정도인가?

이상의 내용들은 화평교회 제자훈련 후보생들을 두고 사전에 지도자가 점검하는 사항이다.

제자훈련 첫 모임 진행은 어떻게 하는가?

제자훈련의 성패는 지도자와 훈련생의 마음가짐에서 절반 이상이 결정된다. 어떤 마음가짐으로 가르치고, 훈련에 임하느냐에 따라 제자훈련의 성공 여부가 판가름난다.

우리 속담에 '천리 길도 한 걸음부터'란 말이 있다. 시작의 중요성을 일컫는 말이다. 첫 걸음을 떼지 않고는 아무리 빠르고 건강한 사람이라도 천리를 갈 수 없다. 첫 걸음이, 그리고 한 걸음이 중요하듯이 한 사람의 훈련생이 중요하다.

훈련 대상자가 확정되고 입학식과 훈련 시작일이 결정되면 약 2주 전부터 훈련생을 개인적으로 만나야 한다. 그리고 함께 훈련받을 사람이 누구인지, 훈련생으로서 준비할 사항이나 각오해야 할 점 등을 알려 준다. 한 예로 예습이나 복습, 그리고 생활 과제 등은 철저히 해야 한다는 것과 세 번 이상 불참할 시는 자동적으로 탈락된다는 것 등을 미리 알린다. 처음부터 너무 부담을 주는 것이 아니냐는 반문을 하기 쉬운데 그 정도의 각오와 결단 없이는 제자훈련을 끝까지 마칠 수 없다. 개인적인 희생과 헌신이 강하게 요구되기 때문이란 점을 이해해야 한다.

화평교회 제자훈련의 입학식과 수료식은 축제 분위기이다. 먼저 수료한 선배들과 각 가정교회가 축하와 격려를 아끼지 않는다. 입학식 때 메시지에서는 주로 제자훈련을 왜 해야 하는지, 훈련을 받음으로써 얻게되는 유익은 무엇인지 등을 이야기한다. 입학 예배가 끝나면 곧 바로 훈련생들을 모이게 하여 다음 주간부터 시작되는 제자훈련에 관계된 과제물을 전한다. 이때 교재 및 바인더 노트, 경건 노트, 성경 암송 카드, 혹은 필독서를 배부해준다.

첫 시간의 과제는 요한복음 전체 읽어오기, 요한복음에서 성경구절 10개 암송하기 등이다(요 1:12, 3:16, 5:24, 10:28, 11:25, 12:24, 13:34, 15:13, 16:33, 20:31). 그리고 다음 시간에 배울 교재 1과를 예습해 오게 한다. 첫 시간부터 강하게 나가는 것이 훈련에 효과적일 수 있기 때문에 과제물을 부담스럽게 내주는 것이다.

첫 모임 전에는, 주위에 방해가 되는 요소를 제거하고, 지도자 자신이 적어도 시작 15분 전에 먼저 나가 훈련생들을 기다리다가 반가이 맞아주고, 교회에서 준비한 차(茶)를 대접한다. 첫 모임 순서의 예는 대개 이러하다.

• 자기 소개 시간을 갖는다.
 - 나의 이름이 갖고 있는 의미는 무엇인가?(혹은 별명)

- 초등학교 시절에 가장 기억에 남는 일
- 어렸을 때에는 커서 무엇이 되고 싶었는가? 왜 그런가?
- 자신이 가장 좋아하는 음식이나 자신 있게 할 수 있는 일은 무엇인가?
- 내가 들은 '나에 대한 말' 중 가장 마음에 드는 내용은 무엇인가?

• 반장과 총무를 선정한다.
• 자기 고유번호를 알려준다(대개 나이순으로).
• 간식은 매주 번호순으로 돌아가며 준비하게 하되 보통 1만 원 이내에서 한다. 그리고 한 달에 한 번 정도는 식사를 한다.
• '하나님 앞에서' 점검표를 나누어주고 사용방법과 유의사항을 전달한다.

그리고 나서 찬양, 나눔, 교과내용, 합심기도 등으로 진행한다. 마지막 순서로는 주간 과제물이나 준비사항 등을 전달하고, 다과나 차로 교제의 시간을 갖고 마친다.

과제물

화평교회는 제자훈련생들에게 과제물을 내주되 대상에 따라 차이를 둔다. 어떤 반은 매 과마다 독서를 요구하지만 어떤 반은 과제물을 적게 내어 감당할 수 있도록 한다. 특히 직장인반의 경우가 그러하다. 그러나 개인의 경건생활이나 각 모임에 참석하는 일은 누구에게나 엄격하게 한다. 그 이유는 제자훈련반이 개인의 의식 변화와 성숙에 역점을 두는 훈련이기 때문이다.

제자훈련 기간 동안 주어지는 생활과제는 다음과 같다.
- 자신이 변화되어야 할 부분 적어오기
- 자신의 성격 중 장점과 단점을 적어오게 하고 훈련받는 동안 자신이 고치고 개선해야 할 점 적어오기
- 출근하는 남편과 학교 가는 자녀에게 기도해주고 그들의 반응과 느낌 적어오기
- 남편, 아내, 목사, 가정교회의 가장(총무)에게 편지 보내고 느낀 점 적어오기
- 남편과 아내 발 닦아주고 느낀 점 적어오기
- 한 주간 동안 집안 일을 하고 식구들의 반응과 자신이 느낀 점 적어오기(설거지, 빨래 등)
- 남이 하기 싫은 일 골라서 해보고 느낀 점 적어오기
- 제자훈련 받는 동안 확실히 두 사람 이상 전도하기
- 믿지 않는 이웃 초청하여 식사나 차를 나누고 그들의 반응과 느낀 점 적어오기
- 교회 식구들과 교제하여 이름이나 기도제목 적어오기(100명 이상, 전화 또는 만남으로)
- 감사한 일 100가지 이상 적어오고 느낀 점 말하기

그리고 매 과 시작 전후에 필요에 따라서 독서 과제를 내도록 한다. 독후감 형식으로 적어오게 하되 반드시 느낀 점이나 깨달은 것을 말하게 한다. 때에 따라서는 같은 주제를 가지고 토론하거나 돌아가면서 발표하도록 한다.

훈련방법

정해진 시간과 장소에서 정확한 시간에 시작한다. 훈련생들이 참석하는 순서대로 '하나님 앞에서' 점검표에 따라 표시를 하게 한다. 보통 시작 시간부터 끝나는 시간까지 3시간이 걸린다. 경건생활, 생활과제 및 독서과제 등을 통해서 훈련생들을 훈련하지만 교과내용을 통해서도 철저히 훈련되는 것이 제자훈련 과정이다.

■ 찬양(15분)

찬양은 지도자 자신이 인도하기도 하고 훈련생 중에 한 사람을 세울 수 있는데, 매주 때와 분위기에 따라 다양한 찬송을 준비하여 함께 찬양한다.

■ 나눔(45분)

한 주간 동안 일어났던 일 중에 기뻤던 일, 감사했던 일, 어려웠던 일 등을 자연스럽게 나눈다. 성경 읽은 것, 설교 말씀, 성경 암송, 과제물 등을 하면서 얻은 것들을 나누기도 하고 살아가면서 깨달은 것들을 나누기도 한다.

■ 본 교재 공부(80분)

교재 내용을 다룰 때 지도자 일변도로 진행하지 않는 것을 원칙으로 한다. 차례로 돌아가면서 진도를 나가지 않고 자원에 의해서나 상황에 맞추어 자연스럽게 할 수 있다. 보통 교재를 다룰 때 읽은 사람이 질문에 답하도록 함이 자연스럽다. 좋은 질문을 잘하는 것이 중요하다. 질문하되 뻔한 질문이나 폐쇄형 질문을 피한다. 그가 대답할 수 있는 질문을 던져야 한다. 혹 틀려도 틀렸다고 말하지 않는다. 지도자는 항상 칭찬과 격려를 훈련생에게 아끼지 말아야 한다. 지도자는 정답을 말하지 말라. 훈련생들이 답하도록 계속 질문한다. 교과서적인 답이나 추상적이고 피상적인 답을 하지 않도록 한다. 스스로 자신들의 삶을 통해서 실행하고 경험한 것을 답하게 한다. 그것이 다른 훈련생들에게 힘이 되고 감동이 되기 때문이다.

■ 발견한 축복을 함께 나눔

교과 내용이 끝났을 때는 3~4분 정도의 시간을 주어서 공부한 내용들 가운데 특별히 깨달은 것, 결심한 것, 새롭게 발견한 것 등을 정리하게 하고, 돌아가며 개인기도나 합심기도 등을 하고 마지막에 인도자가 기도로 마무리함이 좋다.

■ 교제(간식)

마지막으로 간식과 차를 나눈다. 이러한 분위기 속에서 훈련생들은 그리스도 안에서 한 지체 됨을 깊이 경험하고, 그들끼리의 관계도 더욱 친숙해지며, 신앙이 함께 자라는 체험을 하게 된다.

■ 기타 훈련

훈련기간 동안에 아래와 같은 일들이 이루어진다.

훈련생들에게 새벽기도, 저녁기도 주간을 정해주어 기도훈련을 쌓게 한다(예: 오래 기도하기, 소리내어 기도하기, 중보기도 하기 등을 실시한다). 그리고 기도후원자를 정하여 훈련기간 동안 기도로 돕게 한다. 더불어 수련회, 야유회 등을 1일 혹은 1박 2일 정기적으로 실시하여 영성과 친교를 다진다.

■ **수료식**

수료식을 앞에 두고 제자훈련생과 배우자를 초청하여 함께 식사하며 교제한다. 그리고 수료식 때는 수료생들이 특송과 간증을 한다. 간증은 훈련생 중 몇 사람을 선택한다. 어느 때는 메시지 후에 모든 수료생들이 나와 훈련기간 동안 암기했던 성경구절을 함께 암송하는 경우도 있다. 그리고 수료증과 성적표를 전달한다.

■ **제자훈련 과정 이후**

제자훈련 과정을 마치고 나서 계속 훈련을 받거나 다른 사역에 열중하지 않으면 제자훈련 받기 전보다 더 영적인 매너리즘에 빠져 방황하는 경우가 많으므로, 지도자는 제자훈련 과정을 마치면서 여기에 대한 철저한 대비를 해야 한다. 화평교회에서는 제자훈련반 과정을 마친 사람은 지도자반 과정에서 계속 교육과 훈련을 받게 하거나 받은 은사대로 각 교육기관이나 가정교회 혹은 봉사그룹에서 사역하도록 권장한다. 그리고 전도폭발이나 부부성장반에 들어가 계속 교육받기도 한다.

가정교회 사역을 하게 된 동기와 배경

제자훈련을 통하여 훈련된 성도들의 수가 늘어나고 화평교회는 평안함과 든든함 속에서 꾸준히 성장해갔다. 그러나 질과 양이 발전함에 따라서 목회자로서 고민이 생기기 시작했다.

첫째, 전체 성도들을 어떻게 효율적으로 돌보며 섬길 수 있겠는가? 교회 모든 성도들을 헌신자 혹은 사역자로 만들 수 있겠는가? 둘째, 훈련된 성도들이 역량껏 일할 수 있는 현장이나 환경이 무엇일까? 셋째, 제자훈련 과정을 마친 성도들이 지속적인 훈련을 원하는데 어떻게 해야할까? 넷째, 형편상 제자훈련을 받지 못한 사람과 받은 사람이 어떻게 조화롭게 공동체를 발전시켜 나갈 수 있겠는가? 다섯째, 제자훈련을 받지 못해도 받은 은사대로 헌신 봉사하며 그리스도를 닮아 가는 제자로서의 삶을 살 수 있는 환경이 무엇일까?

나는 위와 같은 문제들의 해결 방안을 찾기 위하여 많은 날들을 고민하고 갈등하면서 지냈다. 그러다가 소그룹목회가 나의 마음을 사로잡기 시작했다. 훈련된 성도들에게 사역을 위임하여 소그룹 지도자로 마음껏 헌신하게 하는 일이 중요함을 깨닫게 되었다. 그 동안의

가정교회를 앞두고 실시한 '예비가장 일일수련회'

제자훈련 사역으로 인해 이미 우리에겐 사역자 후보들이 많아 다행이었다.

　이러한 고민을 하던 중 교회 10주년을 맞이하면서 나는 교회에 두 가지 비전을 제시했다. '평신도를 지도자로 세우는 교회', '소그룹 중심으로 성숙해 가는 교회'가 그것이었다. 이 비전들은 많은 고민 속에서 탄생한 것이며, 나는 이 두 가지가 하나님이 화평교회에 주신 비전임을 확신했다. 나는 이 비전을 교회에 제시하고 안식년을 가졌다. 안식년을 보내는 동안 두 가지 비전에 대한 준비와 계획, 실천 방안 등에 대해서 확실한 답을 얻고 싶었던 것이었다.

　평신도를 지도자로 세워 사역하게 하려면 이들을 계속 훈련할 수 있는 자료를 준비해야 했다. 특히 존 맥스웰의 리더십에 관한 글들을 읽고 마음에 깊이 새기었다. 그리고 소그룹으로 성장해 가고 있는 교회들을 집중 탐방하며 현장을 둘러보았다. 시카고의 윌로우크릭교회, 캘리포니아의 새들백교회 등이 실시하고 있는 교육과 훈련 프로그램 중에 소그룹 부분을 현장과 책을 통해 관심 있게 살펴보았다. 아울러 휴스톤에 있는 서울침례교회, 로렌스 콩이 시무하는 싱가포르의 FCBC(Faith Community Baptist Church) 등에서 개최하는 지도자 세미나에 참석하여 가정교회에 대해 많은 도전과 확신을 얻기도 하였다. 그리고 소그룹에 관계된 수많은 책이나 컨퍼런스를 접하면서 소그룹목회에 대한 자신감을 갖기 시작했다.

Ⅳ. 화평교회 현황

담임목사의 목회철학

나는 지금까지 평신도를 지도자로 세울 수 있고 훈련된 사람이 역량껏 일할 수 있는 최고의 환경이 가정교회임을 깊이 인식하고 여기에 목회의 에너지를 집중 투자하고 있다. 그래서 교회에 처음 나온 새가족들이 빨리 교회에 정착할 수 있도록 제직회도 평일로 옮기고, 주일에는 새가족들과 교제하는 시간을 갖는다. 화평교회는 건물이나 프로그램 중심의 교회가 되는 것을 원하지 않는다. 평신도 중심의 교회로서 교육과 훈련에 역점을 두고 있으며, 생명력 있는 사역을 위하여 복잡하고 다양한 프로그램보다는 단순하면서도 실제적인 사역에 진력하고 있다. 그 결과 교육과 훈련 프로그램들이 이미 오래 전부터 정착되어 상당한 열매들을 경험하고 있다. 교회가 사역 중심, 관계 중심으로 나아가기 위해 각종 회의를 대폭 줄이고 단순한 친목 모임이던 남녀 전도기관들을 폐지함으로써 성도들이 생산적인 사역에 힘쓰게 되었다.

화평교회가 설립 이후 가졌던 비전과 현재 가지고 있는 비전들을 살펴보면 아래와 같다.
- 1988년~1993년 - 배우고 가르치며 행하는 교회
- 1994년~1997년 - 말씀으로 훈련하는 교회, 서로 섬기는 교회, 가정 중심의 교회, 선교명령에 적극 순종하는 교회, 지역을 책임지는 교회

- 1998년~현재 − 평신도를 지도자로 세우는 교회, 소그룹 중심으로 성숙해 가는 교회

나는 첫째, 공동체(관계)를 중요시하는 교회, 둘째, 성경에 기반을 둔 사역에 힘쓰는 교회, 셋째, 평신도를 훈련하여 동역자로 세우는 교회, 넷째, 훈련받은 사람이 사역하는 교회, 다섯째, 균형 있는 삶을 살도록 하는 교회, 여섯째, 주님 닮은 사람을 많이 만들어 내는 교회, 일곱째, 주님의 지상명령에 적극 순종하는 교회 등 일곱 가지 목회철학을 가지고 교회를 이끌어 나가고 있다. 이와 같은 목회 철학은 과거 화평교회의 역사나 현재 중점적으로 실시하고 있는 사역, 혹은 교회의 분위기에서 쉽게 드러난다.

교육 및 훈련

교육과 훈련교재는 대부분 내가 화평교회의 실정과 교인들의 수준에 맞추어 만들어낸 것을 사용하고 있다.

새가족반 모임, 어린 자녀들도 함께 새가족반에 참여한다.

■ **새가족반**[7]

새가족반은 화평교회 교육 프로그램의 입문 과정에 해당한다. 새로 등록한 교인은 누구나 참여하여 교회의 비전과 방향을 발견하고 담임목사의 목회철학을 이

13주 동안 진행되는 양육반에는 늘 웃음이 가득하다.

해하여 화평인으로서 뜻을 같이할 수 있는 기회를 얻는다. 또한 새가족이 신앙생활의 기초를 정립하는 데 도움을 준다. 다섯 주(매 주일 오전) 동안 실시하는 교과 내용의 주제는 제1과 하나님의 말씀인 성경, 제2과 구원의 확신, 제3과 바람직한 신앙생활, 제4과 교회 생활의 중요성, 제5과 화평교회의 비전과 소망 등이다.

■ 양육반[8]

예수 그리스도를 주로 영접한 그리스도인이 더욱 성장하도록 돕는 교육 프로그램으로서 13주 동안 실시된다. 무엇보다도 하나님과 사람과의 관계, 교회 생활과 일상생활의 조화를 이루어 균형 잡힌 신앙생활을 영위하도록 가르친다. 양육반은 매주 화요일 낮과 저녁에 모이는데 그 중 한 번 참석하면 된다. 교과 내용은 제1과 믿는 자에게 주시는 하나님의 선물, 제2과 성경은 어떤 책인가?, 제3과 하나님은 어떤 분인가?, 제4과 예수 그리스도의 인격과 사역, 제5과 성령은 누구신가?, 제6과 교회란 무엇인가?, 제7과 그리스도인과 예배, 제8과 그리스도인과 교제, 제9과 그리스도인과 전도, 제10과 그리스도인과 기도, 제11과 그리스도인과 시험, 제12과 균형 잡힌 신앙생활, 제13과 하나님 나라이다.

■ 제자훈련반

양육반 과정을 마친 사람이 참여할 수 있는 과정으로 약 35주 동안 실시된다. 제자훈련반은 화평교회의 교육과 훈련 프로그램 중 가장 심도 깊게 진행되는 과정이며, 역점을 두는 훈련 과정이다. 사람을 세우는 훈련으로, Ⅰ부는 기초편, Ⅱ부는 교리편, Ⅲ부는 생활편으로 나누어져 있다. 주님의 제자로 성숙한 삶을 살도록 집중적으로 훈련한다.

■ 지도자 훈련반

평신도 사역자로 세움 받기를 원하는 사람 중에 제자반 과정을 마친 사람들이 참여할 수 있는 훈련 과정이다. 화평교회는 지도자 훈련반을 마친 사람에게 평신도 사역자로서 자격을 부여하는데 현재 가정교회 지도자들의 대부분은 이 과정을 마친 사람들이다. 훈련 내용은 리더십(3주), 소그룹 인도법(3주), 성경개론(3주), 교회론(3주), 인간관계론(2주), 멘토링(1주), 모델링(1주) 등이다.

■ 부부성장반

화평가족 중 부부를 대상으로 13주 동안 실시되는 가정사역 프로

직장인 여제자반
(매주 화요일 저녁모임).
소금과 빛이 되기 위해.

남자 제자반(주일 오후 모임)
제자훈련, 남자도 예외없다.

그램으로 성경적인 결혼생활을 바탕으로 건강하고 행복한 가정을 이루어 나가도록 돕는다. 교과 내용은 자아 치유, 관계 회복, 영적인 인격 성숙, 자녀 교육 및 교육관 등을 다룬다. 특히 생활 과제를 많이 내 주어 부부관계와 가정생활의 변화를 꾀한다.

■ 전도폭발 훈련반

 전도의 이론과 실습을 겸비한 전도자를 세우는 훈련 과정이다. 담당 목회자가 신실한 두 명의 훈련생을 모집해서 16주 동안 훈련시켜 능숙하고 확실하게 복음을 제시할 수 있도록 훈련한다. 그 훈련생이 다시 훈련자가 되어 두 명의 훈련생을 모집, 16주 동안 훈련시켜 전도자를 배가시킨다. 16주를 한 학기로 하는데 처음 4주간 훈련생은 훈련자의 전도 현장에 따라가서 복음제시를 하지 않고 다만 훈련자의 전도활동 상황만을 관찰한다. 5주째가 되면 훈련생은 훈련자의 도움을 받아서 복음제시에 동참하다가 후반부에는 독자적으로 복음제시를 주도하게 된다. 전도폭발의 핵심은 현장 실습이며 한 사람을 전도자로 만드는 데 그 목적이 있다.

■ 중보기도팀

중보기도자로서 헌신하고자 하는 사람은 누구나 다 참여할 수 있다. 매주 월요일마다 모여서 두 시간 이상 기도제목들을 가지고 기도한다. 진행 순서는 찬양과 말씀, 그리고 중보기도 순으로 하는데 때로는 격식 없이 진행할 때도 있으며 개인과 교회 상황에 따라 산기도, 체인기도, 심방기도 등을 실시하며 끝나고 나면 대부분 식사와 교제를 나눈다.

전도를 위한 주요 행사

매년 정기적으로 실시해서 지역 주민들을 대상으로 하는 복음 전파와 성도의 성숙한 신앙생활에 상당한 효과와 열매를 거두고 있는 주요 행사들을 몇 가지만 소개하고자 한다.

■ 부모사랑 경로잔치

교회 주변에 거주하는 65세 이상 되는 노인들을 초청하여 재미있는 순서를 진행하고 음식과 푸짐한 선물을 제공한다. 이때 담임목사가 복음을 전하고 노후를 소망 중에 살도록 권면한다. 초청 방법으로는 관리사무소를 통한 아파트 단지 내의 방송과 전단지 등의 홍보물

부모사랑 경로잔치

지역사회 어르신들을 내 부모처럼….

을 이용하며 지역의 인사 몇 명을 초청하여 함께하기도 하는데, 매년 3백 명 정도의 노인들이 참여하고 지역사회의 반응도 상당히 좋다. 앞으로도 지역에서 사명을 다하는 교회가 되기 위하여 이 행사를 지속적으로 추진할 계획이다.

■ **가족 초청의 날(혹은 남편 전도의 날)**

매년 5월에 실시되는데 믿지 않는 가족만을 대상으로 한다. 가족 중 초청대상자를 미리 교회에 알려 함께 기도하며 준비하고 초청장을 보내어 그 날에 가족과 함께 참여하도록 한다. Ⅰ부-찬양 및 환영, Ⅱ부-메시지 선포, Ⅲ부-식사와 교제, 그리고 다양한 가정생활 세미나를 갖는다. 현재 화평교회의 식구 중에 이때 초청되어 결신한 사람들이 많다.

■ 참사랑축제

화평교회 일 년 행사 중 가장 비중있는 행사로, 100일 간 전체 성도들이 집중적이고 단계적이며 체계적으로 준비한다. 평상시에 개인적으로 전도하고 있던 사람들을 초청하여 원색적으로 복음을 증거하고 결신의 기회를 주는 행사이다.

추수감사절에 이웃을 초청하여 과일 및 채소 크기 대회를 열고 있다.

성탄절을 전후하여 2~3일 간 진행되는데 보통 순서는 찬양, 간증, 드라마, 복음 제시 및 초청, 특송, 특주, 교제 및 다과 등으로 한다. 수년 전부터 실시해오는 '참사랑축제'는 해가 거듭할수록 교회 안에 정착이 되고 있다. 이때 결신하는 사람은 매년 수십 명씩 이어진다(2000년/ 참석자 128명, 결신자 58명).

● 어떻게 참사랑축제를 준비하는가?

1) 100일 작전(9월~12월)
2) 성탄절을 전도의 기회로 삼는다.
3) 운영위원회 조직 및 본부 설치
4) 주보 및 홍보물을 통해 점진적으로 게시
5) 헌신예배 및 오리엔테이션
6) 이웃사랑 캠페인 및 1차 전도대상자 작정 기간
7) 평신도 사역자들에게 전도 교육 및 훈련(5주 간)

8) 전 성도들에게 전도에 관한 설교(5주 간)

9) 각 가정교회별 전도에 관한 성경공부(5주 간)

10) 전도에 관한 간증 및 신앙 강좌(4일 간)

11) 가정교회별 전도이벤트

12) 전교인 새벽기도회(3주 간)

13) 가정교회별 체인기도

14) 24시간 개인 릴레이기도(10일 간)

15) 제2차 전도대상자 등록 마감

16) 참사랑축제(2~3일)

17) 후속 양육

■ 소그룹을 통한 관계전도

화평교회는 역동성 있는 전도에 있어서 가정교회야말로 가장 좋은 환경임을 깊이 인식하고 평상시에 관계를 가지며 지내던 이웃을 초청하여 1년에 한 두 차례 각 가정교회 별로 '전도이벤트'를 갖는다. 각 가정교회 상황과 형편에 따라 다양하게 실시하는데 주로 식탁교제, 찬양, 간증, 복음 제시, 특송, 선물 증정 등의 순서로 진행된다. 이러한 이벤트를 통하여 등록자나 결신자가 많이 나오고 있다.

■ 지역주민을 위한 신앙 강좌

해마다 가을이면 3일 혹은 4일 간 지역의 모든 그리스도인들과 불신자들을 대상으로 신앙 강좌를 실시하고 있다. 불신자들을 위한 강좌와 타 교인을 포함한 성도들을 위한 강좌를 겸하며 행복한 가정생활, 바람직한 교회생활, 건강을 위하여, 자녀교육, 성공적인 전도 등 다양한 주제를 가지고 마을의 축제 같은 분위기에서 매년 성황리에 실시하고 있다.

■ 기타 행사

그 외에도 전교인 및 가정교회별 수련회, 야유회, 체육대회, 노인여행, 매 주일마다 그룹별 체육행사나 등산대회, 봉사활동 등을 통하여 다채로운 방법으로 성도들끼리 교제하며 하나님 나라의 아름다운 화평 공동체를 이루어 나가고 있다.

축구로 화합을 다지는 화평교회 형제들

New Paradigm of the Church

3장
가정교회란 무엇인가

'초대 교회 그리스도인들이 가정에 모여서 예배와 교제와 사도의 가르침과 나눔과 전도 등에 힘썼던 사역을 지역교회의 형태로 행하는 것'을 말한다. 초대 교회처럼 훈련된 평신도 사역자들을 세워서 그들이 리드하는 그룹으로 하여금 교회의 기능을 다하게 하는 것이다.

오늘날 세계 교회를 비롯하여 한국 교회 안에도 가정교회와 같은 유형의 목회를 갈망하는 현상이 증폭되어가고 있다. 그 이유는 대부분의 목회자들이 기존 목회 스타일과 전통 교회 구조에 대한 한계와 갈등을 목회 현장에서 실감나게 경험하고 있기 때문이다. 상호작용도 없이 조직화된 교회가 주는 버거운 짐, 또는 기존 교회가 자신의 보존에만 몰두하는 것이 싫어서 제도주의에서 벗어나 성도들의 개인적인 삶 속으로 돌아서려는 노력이 강렬하게 일어나고 있는 것이다.

한국 교회가 가정교회를 지향하는 또 다른 이유는 형제끼리의 밀접한 관계가 있고, 하나님과 더 깊은 관계로 나아갈 수 있으며, 삶과 인격 가운데 자신의 믿음을 실현할 수 있고, 성장에 도움을 주는 환경을 제공하기 때문이다. 현대인들은 개인주의를 지향하면서도 공동체 속에 깊이 소속되기를 원하며, 자신이 안고 있는 어려운 문제를 풀어놓을 환경을 갈망한다. 이제 교회 안과 밖에 있는 사람들에게 매력있는 교회가 되기 위해서 가정교회로 돌아와야 한다. 가정교회는 모든 구성원에게 강한 소속감과 참여의식을 충분히 제공해 줄 수 있다. 교회가 온전하고 건강한 모습으로 회복되려면 가정교회로 돌아오지 않으면 안 된다.

가정교회 준비 과정

안식년을 마치고 돌아온 나는 곧바로 화평교회 비전세미나를 개최하여 가정교회에 대한 비전들을 중직들에게 먼저 제시하였다. 모두가 동감했지만 자신들이 지불해야 할 대가나 강한 헌신에 주저하거나 소극적인 태도를 취하는 사람들도 없지 않았다. 그러나 용기와 확신을 가지고 설교나 기도회, 교회 회지, 개인적인 접촉 등을 통해 가정교회 사역의 중요성과 가치를 계속 주지시키며, 성도들에게 이 일에 한 마음과 한 뜻으로 협력하며 헌신해 줄 것을 요구했다.

3개월의 준비과정을 통해 집중적으로 가정교회에 대한 그림을 성도들에게 보여주었고, 시작을 바로 앞에 두고는 이미 헌신하기로 작정한 평신도 사역자들과 함께 1박 2일로 수련회를 다녀왔다. 준비기간 동안 화평교회 성도들은 가정교회에 대한 소명의식과 사명감을 갖게 되었으며 워크숍을 통해 가정교회 모임을 어떻게 이끌어 갈 것인지 보고 듣고 경험할 수 있었다.

　가정교회 준비와 사역을 하는 데 많은 도움과 힘이 되었던 책은 랄프 네이버(Ralph W. Neibour)의 『여기로부터 우리는 어디로 가야 하나?(Where Do We Go from Here?)』, 로버트 뱅크스(Roberts Banks)가 그의 아내와 함께 쓴 『교회가 가정에 오다(The Church Comes Home)』, 윌리엄 벡헴(William A. Beckham)의 『제2의 종교개혁(The Second Reformation)』, 최영기의 『구역조직을 가정교회로 바꾸라』 등이다.

　가정교회의 초기 준비 과정과 진행과정에 대한 일정을 정리하면 아래와 같다.

3개월 간의 준비 과정(1998년 6월부터 8월까지)

1) 화평 비전세미나 개최
2) 가정교회에 관한 설교(3주간)
3) 가정교회 후보 지도자 선정(개인 접촉)
4) 1개월 특별 기도회
5) 교회 회지의 통하여 가정교회 준비와 계획과 진행상황을 알림(2개월 동안 매주)
6) 가정교회지도자수련회(1박 2일) – 세미나/기도회/공동체훈련/서약 등
7) 가정교회 진행에 대한 워크숍(교역자들이 임시지도자가 되어 소그룹으로 나누어 시범을 보임)
8) 지도자 선택을 위한 유인물 배부 및 소개

9) 지도자(가정교회 가장·총무) 선택 접수(1, 2, 3, 4 순위/서면으로)
10) 가정교회 편성(초신자는 1순위로)
11) 가정교회 지도자 파송예배
12) 가정교회별 예비모임
13) 가정교회 시작
14) 가정교회별 이름 및 선교지 확정/ 선교후원 시작

가정교회를 정의하다

가정교회에 대한 정의를 한 마디로 내리기는 어렵다. 가정교회를 지칭하는 용어도 다양하다. 랄프 네이버와 윌리엄 벡햄, 싱가포르 FCBC의 로렌스 콩은 '셀교회'로, 로버트 뱅크스는 '가정(home)교회', 최영기는 '가정(house)교회'라고 부르고 있다. 형식이나 내용에 있어서는 일맥상통하며, 동시에 각기 나름대로 강점과 특성이 있다.

가정교회를 정의한다면, '초대 교회 그리스도인들이 가정에 모여서 예배와 교제와 사도의 가르침과 나눔과 전도 등에 힘썼던 사역을 지역교회의 형태로 행하는 것'을 말한다. 초대 교회처럼 훈련된 평신도 사역자들을 세워서 그들이 리드하는 그룹으로 하여금 교회의 기능을 다하게 하는 것이다. 그러나 한가지 유의해야 할 것은 초대 교회가 행했던 사역을 다한다고 해서 그들의 스타일과 방식을 그대로 따른다는 것으로만 생각해서는 안 된다. 오히려 초대 교회의 정신과 생명의 역동성을 계승하고 발전시켜 나간다는 데 역점을 두는 것이 바람직하다.[9] 왜냐하면 초대 교회 당시와 우리의 현실은 상당한 시대적, 문화적 차이가 있기 때문이다.

로버트 뱅크스는 그의 아내와 함께 쓴 책에서, 초대 교회 시대와 오늘날의 상황은 '교회 내의 관계유형이나 권위계통이 다르고 교회 모임의 양상이 다르기 때문에 초대 교회 그리스도인의 공동체를 이상화하거나 그대로 적용하려는 데는 무리가 있고 어려움이 있는 것이다.'라고 말했다. 하지만 '초대 교회의 목회 방식을 무시해서는 안 된다'는 것을 강조한다.[10]

가정교회는 초대 교회의 원리와 정신, 그리고 골격은 그대로 살려나가되 모임의 형태나 방법에 있어서는 변화를 주어 오늘의 시대적 상황에 맞는 건강한 교회를 만들어내야 한다.

가정교회를 보는 관점들

로버트 뱅크스는 가정교회를 교회 내부의 '회중에 기초를 둔 가정교회(Home Church based Congregation)'와 '교회와 병행하는 가정교회(Home Church)' 두 가지 유형으로 나눈다.[11] 가정교회(Home Church)는 미혼자, 기혼자 그리고 그들의 자녀들을 포함하는 일종의 확대된 그리스도의 가족을 말한다(그리스도인의 기초공동체/ 소규모 신앙공동체/ 에클레시아). 회중에 기초를 둔 가정교회는 보다 넓은 지역교회(큰 공동체)를 말한다. 이 두 가정교회의 목적은 첫째, 공동체적으로 함께하는 그리스도인의 삶을 살기 위해서, 둘째, 구성원의 신앙을 일상생활에 적용하기 위해서, 셋째, 하나님과의 깊은 관계를 위해서이다.

로버트 뱅크스는 가정교회와 셀교회는 나눔이나 찬양, 성경공부, 식사, 서로 섬기는 일 등에서는 유사하지만 공동체성을 추구하는 데에는 상당한 차이가 있다고 지적한다. 즉 셀교회는 재빠른 변화와 초대 교회 구조를 지나치게 강조하여 깊은 관계를 형성할 만한 시간을 줄 수 없기 때문에 수준 높은 유기적 공동체의 삶을 발전시킬 수 없을 뿐만 아니라, 경영적인 조직과 계급적 사고 방식을 갖게 할 위험이 따른다고 지적하고 있다.

반면 랄프 네이버는 가정교회에 대해서 소극적으로 표현하고 있다.[12] 가정교회는 "셀그룹과 다르게 고정된 장소에서 매 주일 15~25명씩 모이기 때문에 그룹 내의 교인들끼리의 교제에만 머물러 폭넓은 교제가 힘들다"고 지적한다. 뿐만 아니라 "가정교회는 전도활동이나 비전을 갖고 있지 않기 때문에 부흥이 되지 않고 정체한다"면서, "셀교회는 가정교회에 비해 더 큰 구조를 가지며 수많은 세포를 가지고 있어 많이 움직이고 외부에 복음을 전함으로 비개종자들을 안으로 끌어들이는 데 전력하며 모든 개개인의 지체들을 훈련시키는 일에 관심이 크다"며 셀교회가 가정교회보다 더 효과적인 사역의 강점을 가지고 있음을 주장하고 있다.

또한 윌리엄 벡햄은 셀교회를 아래와 같이 정의하고 있다.[13]

- 셀(cell)은 셀교회의 기본단위이다.
- 5~15명으로 구성된다.
- 하나님과 타인, 불신자와의 관계에 역점을 둔다.
- 공동체성을 강화한다.
- 모든 그리스도인이 사역자이다.
- 그리스도를 닮아 가는 데 역점을 둔다.
- 주간, 격주간으로 셀 모임을 가지되 주간에 모이는 셀 모임에 더 역점을 둔다.

- 셀은 사랑, 공동체, 관계, 전도 등이 강력히 일어난다.
- 교회의 생명은 셀에 있지, 건물에 있지 않다.
- 교회는 역동적이고 유기체이며 영적인 존재이다.

그는 셀교회에 대한 정의를 이렇게 내리고 있다. "교회를 신학적으로나 학문적으로 어떻게 이해한다 해도 셀교회에 대해 가장 잘 이해하는 사람은 셀교회를 체험해 본 사람이다. 셀교회는 단지 연구하고 분석하는 어떤 것이 아니다. 어떤 점에서 셀교회에 대한 우리의 정의는 경험하고 체득함으로 얻어진다."[14]

최영기 목사는 가정교회를 이렇게 정의한다.[15]
- 개척교회와 같다.
- 그 자체가 교회이다.
- 지역 중심보다는 관계 중심이다.
- 성경공부보다는 나눔을 중요시한다.
- 전도에 역점을 두는 사역이다.
- 교회의 기능을 다하게 하는 교회이다.

화평교회가 지향하는 가정교회

화평교회가 지향하고 추구하는 가정교회는 앞에서 정의한 '셀교회'나 '가정교회'의 정신들을 공유하고 있지만 또 다른 강한 특성과 강점을 가지고 있다.

첫째, 초대 가정교회를 모델로 하되 그 정신과 역동성에 역점을 둔다.

둘째, 성숙한 공동체의 삶을 발전시키는 것을 목표로 한다.
셋째, 훈련된 평신도 사역자가 목회하게 한다.
넷째, 사람을 변화시키는 말씀의 사역을 소홀히 하지 않는다.
다섯째, 전도와 선교에 역점을 둔다.
여섯째, 매주 1회 모이는 것을 원칙으로 한다.
일곱째, 분담사역을 중요시한다.
여덟째, 제자훈련을 기초로 한 가정교회를 지향한다.

화평교회의 가정교회는 랄프 네이버가 언급한 가정교회의 단점인 '모이는 교회'를 극복하고 '밖으로 나가는 교회'로써의 사명을 감당한다. 화평교회의 가정교회들은 기본적으로 전도와 선교에 역점을 두고 사역하기 때문이다. 그리고 셀교회는 재생산에 급급한 나머지 빠른 변화로 성숙한 공동체적 삶을 발전시키는 일이 어려운데 화평교회는 가정교회를 경영적 조직으로 이끌어가지 않고 훈련과 자원에 의한 헌신으로 가정교회 사역을 감당하고 있다.

화평교회의 가정교회는 교회 안의 작은 교회로서 화평교회 부속기관이나 종속기관이 아니다. 가정교회는 독립적이고 다른 교회들과 동일한 권리를 소유하며, 상호 유기적 관계로서 작은 가정교회가 모여 큰 공동체인 화평교회를 이루고 있다. 화평교회의 가정교회는 제자훈련을 기초로 한 가정교회로, 균형 있는 사역을 통한 성숙한 공동체적 삶을 지향해 나가는 가정교회이다.

Ⅰ. 가정교회의 성경적 역사적 고찰

가정교회가 교회의 갱신과 성장을 위해 최근에 개발된 목회 방법이라고 생각하는 것은 바람직하지 않다. 성경적으로나 교회사적으로 보면 예로부터 오늘에 이르기까지 가정교회가 가지고 있는 강점이나 속성을 가진 크고 작은 공동체들이 있었기 때문이다. 가정교회라는 이름은 사용되지 않았어도 본질적으로 교회 내 소그룹 공동체들이 가정교회가 갖고 있는 모든 특성들을 공유하고 여러 모양 여러 형태로 변천하며 발전해 온 것을 쉽게 발견할 수 있다.

구약 성경에 나타난 가정교회

하나님은 최초부터 자신을 공동체적인 존재인 삼위 하나님으로 표현하시고(창 1:26), 사람을 공동체적인 존재로 창조하였다(창 2:18, 24). 그러므로 공동체는 하나님의 속성에 뿌리를 두고 있는 것이다. 하나님이 공동체적 존재라면 우리 인간은 다른 사람과 공동체를 이루며 살아야 하는 상호의존적 존재임을 알 수 있다. 이러한 모습들이 가정에서는 부모와 자녀의 관계로 나타나며(신 8:1~18), 하나님은 개인(창 12:1~3)뿐만 아니라 그룹과 언약을 맺기도 하셨다(신 5:1~3).[16]

이어서 성막(출 26~40장)과 성전에서(삼하 7장) 공동체적인 모습이 나타났다. 즉 하나님과 사람의 만남, 사람과 사람끼리의 관계, 그리고 절기를 지키는 일이나 가르침이나 예식에서 이러한 모습을 발견할 수 있다. 처음에는 가정에서 모임을 갖다가 차츰 회당 건물 내로 그 장소를 옮기게 된 것이다. 성전이 재건되자 사람들은 정기적으로 성전에 나가기도 하고 회당에 가기도 했다.[17]

하나님께서 자신과 인간이 공동체적인 존재임을 상징적으로 보여주심과 동시에 공동체가 서로 교제하며 발전할 수 있는 환경으로 성막과 성전, 혹 회당을 주신 것이다. 그러므로 가정교회가 성숙한 공동체성을 강조하는 것이 특성이라 한다면 가정교회의 흐름과 사상과 정신은 구약에서부터 존재했다고 말할 수 있다.

복음서에 나타난 가정교회

이 세상에 나타난 하나님의 사역은 셀그룹을 통해 끊임없이 표현되어 왔는데 예수 그리스도의 생애를 밝혀주는 복음서에서도 이러한 사실이 두드러지게 나타난다. 예수께서 수천 명의 사람들을 대상으로 목회하실 때에도 그 가운데에는 제자들 중심의 더욱 신실한 작은 그룹들이 있었다.[18] 뿐만 아니라 삭개오의 가정을 방문하신 일(눅 19:5), 비유를 집에서 말씀하신 일(마 13:36), 집에서 각색 병자를 고치신 일(마 10:8, 12; 눅 10:5), 각 가정을 방문하여 말씀을 가르치신 일(눅 10:38~42), 가정에 초대받으신 일(요 12:1~8) 등 예수님의 많은 사역들이 가정에서 이루어졌다.

안식일에 제자들과 밀밭을 거니신 일(막 2:23~28), 두 제자를 부르사 하나님 나라 사역을 맡기신 일(막 1:16~17), 그리고 열두 제자를 부르사 그들을 보내시며 권위를 부여하신 일(마 10:1~5), 세 제자(마 17:1~5), 또는 일곱 제자(요 21:1~3)와 함께하신 일 등 예수께서는 공동체와 함께 지냈고 고통을 함께 나누었다. 서로의 고민거리를 나누었으며 함께 사역을 수행했다. 그리고 그들 주위에는 남녀로 이루어진 많은 그룹과 저항하는 그룹들도 있었다(막 2:16, 3:6). 오히려 예수 그리스도는 혈육적인 가족들보다 공동체적인 삶을 나누는 제자들과의 관계를 더 크게 생각하셨다(막 3:31~34). 예수는 하나님과 그 백성, 그리고 자신과 제자들의 관계가 지닌 가족적인 특성을 새롭게 강조하셨다. 열두 명의 제자들은 하나님의 가족, 예수의 가족이 되었다. 이처럼 예수 그리스도는 소그룹의 선구자였다. 이러한 측면에서 예수의 제자훈련 과정은 소그룹을 이루는 과정이기도 했다. 열두 제자들의 주변에는 '무리'와 '군중들'이 항상 따라다녔지만 예수께서는 군중에게 투자한 시간보다 제자들과 함께 보낸 시간이 훨씬 더 많았다.

이처럼 예수께서는 지상에 있는 하나님의 백성들을 하늘의 친밀한 공동체로 초대하시고, 자신의 동반자로 세우셔서 당신의 부활과 오순절 이후 새로운 공동체를 만드신 것이다. 가정교회가 소그룹으로 삶을 깊이 나누는 일을 지향하는 사역이라고 본다면 예수께서 하신 소그룹 사역이야말로 가정교회 사역의 근본이며 기초라 할 수 있다.

사도행전에서의 가정교회

이미 교회가 존재하고 있었지만 성령에 의해 새로운 교회가 탄생되었는데, 이 교회의 형태는 가정교회였다. 기독교가 공인되기 이전까지(4세기 이전) 가정집이 교회로 불렸다.

예수께서 죽으시고 부활하신 후 제자들이 모여 성령의 임재를 충만히 경험했던 장소는 마가의 가정에 있었던 다락방이었다(1:14; 2:42; 12:12). 그리고 후기에는 야고보의 가정(행 21:8)이 예루살렘교회의 중심지가 되었다(행 2:1, 46; 3:11; 5:12, 20).[19]

누가는 그가 쓴 사도행전에서 하나님의 교회가 가정교회를 통해 어떻게 시작되었고(1:14) 어떻게 확산되어 나갔는가를 잘 말하고 있다. 즉 사도행전의 역사는 가정교회로 시작해서, 가정교회로 진행되고(행 10장), 가정교회로 마무리되었다(행 28:30).[20]

초대 교회 성도들은 좀더 넓은 장소인 성전에 모여 사도들의 가르침을 받으며 폭넓은 교제를 했는가 하면 더욱 작은 장소인 가정이나 방에 모여 하나님을 찬양하고 기도하며 공동체적인 식사를 나누었다(행 2:46; 5:42). "날마다 마음을 같이하여 성전에 모이기를 힘쓰며 집에서 떡을 떼며 기쁨과 순전한 마음으로 음식을 먹고 하나님을 찬양하며 온 백성에게 칭송을 받으니 주께서 구원받는 사람을 날마다 더하게 하시니라"(행 2:46). 윌리암 벡헴은 이러한 모습을 두고 "두 날개로 기능을 발휘했다"라고 표현했다.

바울과 그의 일행이 회심한 가족들을 기본으로 하여 가정교회를 세우거나 돌아본 흔적들이 사도행전 이곳저곳에 많이 나타나고 있다.[21] 고넬료가 보낸 사람이 베드로가 우거하는 집에 도착한 일(11:14), 루디아의 집이 다 세례 받고 간수장의 집이 다 구원받은 일(16:15~34), 브리스길라와 아굴라 부부가 가정교회 지도자로서 바울과 동역하며 고린도교회와 에베소교회를 섬긴 일(18:18) 등. 이외에도 데살로니가 야손의 집(17:11), 드로아(20:8), 에베소(20:20), 가이사랴 빌립보의 집(21장) 등이 가정교회로 사용되고 있었다. 초대 교회에는 다양한 가정교회들이 존재했으며 '집에 있는 교회'가 복음전파에 결정적인 역할을 했다.

이처럼 초대 교회는 큰 그룹으로도 모이고 작은 그룹으로도 모였다. 즉, '회중적인 환경(성전)'으로도 모이고 '공동체적 셀 환경'인 가정교회로 흩어져 모이기도 한 것이다. 동일한 시간에 한 가정에서 혹은 또 다른 가정에서 정기적으로 매일 모이기도 하고 일주일에 한 번씩 모이기도 했다(행 2:46; 20:7; 계 1:10).[22]

오늘날 전통적인 형식을 고수하는 교회들은 초대 교회가 1세기 동안 대규모 회중과 작은 셀로 동시에 존재했음을 인식하고 이 모델을 무시하지 말아야 한다. 그렇지 않으면 교회는 결코 건강한 공동체가 될 수 없다.

바울 서신에서의 가정교회

바울이 각 교회에 보낸 서신들을 보면 여러 가정교회가 지역마다 있었다는 것을 쉽게 알 수 있다. 대표적인 가정교회들을 소개하면 아래와 같다.[23]

"아굴라와 브리스가와 및 그 집에 있는 교회가 주 안에서 너희에게 간절히 문안하고."(고전 16:19), "또 저의 교회에게도 문안하라."(롬 16:5), "자매 압비아와 및 우리와 함께 군사 된 아킵보와 네 집에 있는 교회에게 편지하노니."(몬 1:2), "라오디게아에 있는 형제들과 눔바와 그 여자의 집에 있는 교회에 문안하고"(골 4:15).

바울이 직접 세운 가정교회 외에도 이미 여러 지역에 가정교회가 존재하고 있었음을 위의 말씀들을 통해 알 수 있다.[24]

특히 브리스가와 아굴라 부부는 바울을 만나기 전부터 로마에서 가정교회를 세워 사역하고 있었고, 고린도와 에베소에서도 바울의 동역자로서 가정교회 사역에 힘썼다.

또 바울은 그의 서신에서 교회와 가정과의 관계를 많이 묘사하고 있다. 첫째, 교회 구성원의 결속력과 가족 구성원 간의 결속력의 유사함을 말한다(롬 16:2, 13; 갈 1:2; 4:19; 골 4:9).[25]

둘째, 교회의 공동체를 직접 하나님의 권속으로 묘사하기도 했다. "오직 성도들과 동일한 시민이요 하나님의 권속이라"(엡 2:19). 셋째, 교회의 중심적인 활동이 가족적인 성격을 지니고 있음을 밝히고 있다(살전 5:16; 롬 12:9~10; 고전 11:33). 이처럼 바울은 가족과 관련된 용어를 교회로 표현하는 주요한 도구로 사용하여 교회가 가정과 같음을 강조했다.[26]

1세기의 초대 교회 그리스도인들은 박해로 인해 예루살렘을 떠나게 되었을 때 신약성경의 소그룹 형태를 취했다. 그들은 나눔과 예배와 가르침을 위하여 다양한 가정에서 모였다. 또 폭넓은 교제와 예배를 위하여 성전에 모였다. 따라서 초대 교회는 가정교회에 기초한 큰 그룹이 있었기 때문에 아름답게 성장해 갈 수 있었던 것이다. 오늘날도 교회가 건강하게 성숙하기 위해서는 규모가 다른 두 형태의 그룹이 균형 있게 발전해가야 한다.

초대 교회에서 중세시대까지
(from the Early Church to the Middle Ages)[27]

■ **후기 사도 시대**

　초대 그리스도인들은 신약 시대 이후에도 4세기 전까지는 가정에서 모이는 것이 기존 형태였다. 로마제국을 정복한 기독교는 가정 중심으로 모였으며 주후 2세기 경 몬타니스트(Montanist) 그룹들은 초대 가정교회와 같은 형태로 모였다가 주후 몇 세기 동안은 가정이 건물로 대치되어 공중예배로 변형되기도 했다.

■ **수도원운동(the Monastic Movements)**

　공동체 생활을 강조했던 수도원운동이 주후 4세기부터 일어났다. 형제애로 맺어진 단체들은 형식화되어 가고 제도화되어 가는 교회에 저항하면서, 영성과 공동체생활을 지향하는 초대 가정교회 형태를 지녔다. 12세기부터는 프란체스코수도회와 도미니크수도회를 중심으로 예배와 교제를 중요시하는 공동체 생활을 강조했다. 수 세기를 거치면서 '교회 속의 작은 교회'가 교회에 새로운 활력과 회복을 불어넣었으며, 이 때 생긴 공동생활 '형제회(Brethren of the Common Life)'는 루터에게까지 영향을 주었다.[28]

■ **종교개혁 이전 시대**

　종교개혁 이전 시대에도 부패한 로마가톨릭을 반대하던 그룹들이 초대 가정교회와 같은 공동체적 생활을 강조하는 운동을 거세게 일으켰다. 프랑스로부터 박해를 받았던 왈도 파(Waldensians), 영국에서

위클리프(Wycliffe)의 영향을 받은 롤라드 파(Lollards)라 불렸던 평신도 그룹들이 초대 가정교회 형태로 도시와 시골마을 집에서 공식적 혹은 비공식적으로 모였다.[29]

이처럼 중세에 이르기까지 수많은 그리스도인들이 많은 박해와 열악한 환경 속에서도 신약 성경의 초대 가정교회와 같은 소그룹의 형태를 유지해 온 것을 알 수 있다.

■ **종교개혁 시기(the period of the Reformation)와 그 이후**

루터는 독일 예배예식서문에서 세 종류의 예배를 말했는데, 첫째는 라틴어로 드리는 예배, 둘째는 독일어로 드리는 현대적인 예배, 셋째는 가정교회와 흡사한 예배였다. 루터는 앞의 두 가지 예배는 모든 사람을 위해 교회에서나 공중 앞에서 이루어져야 하지만, 세 번째 예배는 복음적인 예배로서 은밀하게 가정에서 이루어져야 한다고 주장했다.[30] 가정에서 모여야만 입으로 진지하게 복음을 시인하게 되고, 기도하며, 성경 읽고 세례와 성찬에 참여할 수 있기 때문이라고 강조했다. 루터는 자신의 가르침에 동조했던 교회들이 영적인 활력을 잃어갈 때 급진적인 재세례파(열성주의)의 행동에는 경고와 반대를 했지만, 그들이 모이는 가정교회의 형태만큼은 관심 있게 보았던 것이다. 교구 안에 더 작은 그리스도인의 공동체가 존재해야 함은 루터뿐 아니라, 재세례파 진영과 접촉하여 영향을 받았던 마틴 부처(Martin Bucer)도 같은 생각을 했고, 스코틀랜드의 존 낙스(John Knox)도 '비밀교회' 또는 신실한 자들을 위한 '가정교회' 모임을 격려했다.[31]

이처럼 하나님은 여러 세기를 거쳐오는 동안 하나님의 뜻과 나라를 증진시켜 나가는 데 있어서 초대 가정교회와 같은 친밀한 공동체를 계속 사용하신 것을 볼 수 있다.

■ 재세례파(the Anabaptists)

재세례를 주장하고 유아세례를 반대했던 재세례파에 대해서 대부분의 신학자나 교파들이 신학적으로 반대입장을 취하고 있지만, 재세례파는 초대 교회의 생활과 관습의 핵심적인 요소들을 회복하려는 열정은 대단했다. 그들은 소그룹과 대그룹으로 모여 초대 교회가 행했던 예배와 기도, 권면, 헌금과 나눔 등 4시간 정도의 모임을 가지며 궁핍한 사람 돕는 일을 소홀히 하지 않았다.

■ 퀘이커교도

종교개혁 이후 영국에서 일어난 퀘이커교도들은 전통적 예배 장소에서 모이다가 후에는 가정에서 소그룹으로 모였다.

■ 모라비안 교도(the Moravians)

독일의 진젤돌프는 망명한 모라비안 교도들을 데리고 루터교회를 핵심적인 작은 교회로 발전시켰고, 8~12명으로 구성된 작은 세포모임을 많이 조직했다. 이 작은 교회들은 대개 가정에서 모였다. 모라비안들은 작은 그룹에 기초하여 서로 밀접한 관계를 유지하는 것을 출발점으로 삼았다. 남녀노소 누구나 다 제사장이 될 수 있음을 가르쳐 성직자와 평신도의 구분을 급진적으로 최소화시켰다. 이 때 모라비안 교도들은 작은 교회 그룹에서 헌신적이었으며, 이에 대해 진젤돌프는 모라비안 교도들을 분리된 교파라기보다는 더 넓은 교회 안의 갱신운동으로 보았다.[32]

■ **요한 웨슬리(John Wesley)**

독일의 경건주의와 연결되는 모라비안 형제단으로부터 도전을 받은 요한 웨슬리는 공회 내에 작은 속회(class)를 조직했다.[33] 이 속회는 사실상 가정교회였다. 그는 속회에 초대 가정교회가 행했던 사역들을 그대로 적용시켰다. 이 모임을 통하여 성도들은 다양한 이웃을 접하게 되었으며, 매주 한 번씩 주로 밤에 모여 자신의 영적 상태나 특별한 문제, 필요 등에 대해 이야기하고, 서로의 문제를 놓고 기도했다. 필요한 경우에는 충고나 책망을 하기도 했고, 의견 충돌이 일어나기도 했으나 결국은 기도와 감사로 이 모임을 마쳤다.

웨슬리는 "속회(학습) 모임에 나오지 못하는 사람은 우리와 더 이상 함께할 수 없다."고 강조하여, 전통적인 교회로부터 많은 반대가 있었음에도 불구하고 공동체로써의 교회를 발전시키는 일을 굽히지 않았다. 웨슬리는 속회(학습) 모임을 진실한 교회라고 생각했기에 그것을 최우선으로 염두에 두었다. 이 학습 모임이 결국 가정교회가 됐고, 웨슬리의 작은교회운동이 영국을 휩쓴 부흥의 강력한 동기가 됐다.

웨슬리는 가정교회를 통해 도덕과 윤리가 땅에 떨어진 18세기에 영국 교회를 초대 교회의 형태로 회복시켰을 뿐만 아니라 막대한 사회적 변화까지 불러일으켰다. 그 당시 웨슬리는 작은 교회(가정교회)를 연합신도회와 속회, 조, 선발신도회, 참회반 등으로 조직하여 운영했다.[34] 웨슬리는 이 땅의 교회가 소그룹교회로 접근하게 하여 큰 부흥을 가져오도록 하나님의 도구의 역할을 했을 뿐 아니라 감리교와 다른 교파에도 큰 영향을 끼쳤다. 그러나 오늘날 감리교회의 속회 모임은 갈수록 생명력이 없어지고 약화되고 있다. 그 이유는 웨슬리가 전해 준 가정교회, 즉 속회의 정신과 역동성을 계승하지 않고 변질시켰기 때문이다. 그러므로 웨슬리가 실시했던 가정교회인 속회 모임을 회복하고 발전시키기 위해서는 웨슬리가 그 당시에 어떠한 상황에서 어떻게 속회 모임을 진행했는가를 관심있게 살펴보아야 한다.

II. 현대 교회와 가정교회

1950년대 말 남미의 가톨릭 교회 안에서도 기초적 교회 공동체인 가정교회 모습이 강조되기 시작했다. 현재 남미의 빈민가를 중심으로 20만 개 이상의 초대 교회 같은 공동체가 있을 것으로 보고 있다. 이들 공동체의 특징은 보편적 교회의 본질적인 특성을 반영하고 있는 것이다. 예로 예배, 성찬, 사랑, 기도, 말씀, 유무상통 등 초대 가정교회가 했던 사역을 시행하고 있다.

1960년 이후로는 서양을 중심으로 가정교회의 부흥이 일어나기 시작했다. 서구뿐 아니라 공산주의 국가와 라틴 아메리카 그리고 민주화 이전의 러시아 등지에서는 가정과 지하 등에서 가정교회 모임이 이루어지고 있었다. 특히 중국에서는 1949년 공산주의 혁명 이후 종교적 목적으로 사용되던 건물을 더 이상 사용할 수 없게 되자 예배 처소가 가정으로 옮겨지게 됐다. 이때까지 170개 교단이 6,500명의 선교사를 파송하여 선교활동을 해왔으나 선교한 지 150년 만에 다 추방되었는데, 그때 중국의 기독교인은 75만 명에 불과했다. 1960년 모택동 정권 이후 자유 개방의 물결이 일어났음에도 불구하고 공적으로 등록된 삼자교회 교인 수는 기껏해야 수백만 명이었다.[35]

그러나 1992년에는 7,000개의 교회가, 1996년이 되어서는 12,000여 개의 교회가 중국에 존재하고 있으며, 그밖에 농촌을 중심으로 25,000여 개의 가정교회가 있다고 밝혀졌다(북경저널, 1997년 7월 25일, 3면). 그 외에도 정부에서 파악하지 못한 가정처소가 더 있을 것으로 추산되며, 약 8,000만 명의 기독교 신자가 중국에 있는 것으로 전문가들은 보고 있다.[36]

금세기 가정교회에 대한 관심과 목소리는 지역과 인종을 초월하여 전 세계적이다. 그만큼 소그룹의 원형인 가정교회에 대한 갈망이 큰 것이다. 남아메리카의 교회가 엄청난 성장을 이룬 것도 세포모임이 수천 개나 발생했고, 동시에 크게 번식하였기 때문이다.

최근 유럽에서는 신세대 기독교인들 사이에 공식적이고 전통적인 교회 예배에서 탈피하여 비공식적인 만남을 통해 서로 신앙을 북돋우는 새로운 교회 운동이 일어나고 있다. 금세기 내내 성도 수 급감에 시달려온 유럽 교회는 이 운동이 새로운 부흥의 촉매가 될 것으로 보고 있다.[37] 전세계제자화선교회(DAWN)에 따르면 10대 후반에서 30대 초반의 유럽 신세대들이 교회를 하나의 독립된 건물로 해석하지 않고 말씀을 함께 나누는 작은 모임으로 해석하여 소그룹으로 모여 삶을 나누며 성경공부를 하고 있다는 것이다. 이런 신앙의 공동체가 덴마크, 영국, 독일, 노르웨이, 스페인 등에만 2,000여 개에 달하며 아프리카, 아시아, 아메리카로 확산되고 있고, 때와 장소를 가리지 않는 이 작은 교회 운동은 미래 교회의 한 형태로 발전할 것이라고 전망하고 있다.[38]

한국에서는 약 3년 전부터 많은 목회자와 교회들이 소그룹목회에 관심을 갖기 시작했는데 갈수록 그 관심도가 가속화되고 있다. 거의 비슷한 몇 개월 사이에 싱가포르의 로렌스 콩과 Touch 사역의 국제 대표자인 윌리암 벡헴과 랄프 네이버 등이 한국을 방문해 셀 컨퍼런스를 개최하기도 했다. 하지만 아직 한국 교회 소그룹사역은 시작 단계에 불과하며 모델 교회가 필요한 시기이다. 너무 많은 소그룹의 형태를 가진 사역들이 방향성을 잃은 채 표류하고 있으며, 이러한 상황들이 오히려 초대 교회의 공동체성을 성숙시켜 나가는 데 충돌을 일으키고 있다. 이제는 소그룹의 사역을 정리하고 단순화해 신약 교회가 말하는 진정한 교회의 모습을 되찾아야 할 때이다.[39]

이제 한국 교회는 랄프 네이버의 말대로 '여기서부터 우리는 어디로 가야 하나?(Where do we go from here?)' 라는 질문을 던져야 할 때가 이르렀다.

III. 가정교회를 교회라고 할 수 있는가?

가정교회를 교회라고 부르는 것에 대하여 이의를 제기하는 사람들이 있다. 그 이유로는 첫째, 말씀선포와 권징과 성례전이 개혁 교회의 표지인 동시에 참교회와 거짓교회를 구분하는 표식이라는 것이다. 가정교회가 교회라면 이 세 가지 사역이 가정교회 안에서 충실하게 이루어져야 하는데 현실적으로는 실행되지 않고 있다는 주장이다. 둘째는, 초대 가정교회의 상황과 2,000년이 지난 오늘날의 문화적 상황이 많은 차이가 있다는 것이다. 셋째는, 실제 가정교회 사역을 하고 있는 교회들이 교회의 총체적 기능을 다하지 못하고 있다는 것이다. 마지막 하나는, 기성 교회들이 노골적으로 표현은 하지 않지만 건물도 없는 가정에서 모이는 것이 어찌 교회가 될 수 있느냐는 불신이다. 여기에 대한 확실한 답변을 위해서는 먼저 성경에서 말하는 교회가 무엇인가를 살펴보는 것이 바람직하다.

성경에서 말하는 교회

구약에서 교회의 칭호는 '부르다'(to call)를 뜻하는 어근에서 나온 말로서 히브리어로 '카할'이라 부르는데, 이는 하나님을 예배하기 위해 나온 이스라엘 회중에게 적용됐던 말이다. 하나님의 말씀을 듣거나 모세가 가르쳐주는 율법을 듣기 위해 나온 회중들의 모임을 교회(카할)라고 말하고 있다(신 5:1; 23:2; 왕상 8:14~40). 그리고 하나님이 시내산에 강림하셨을 때 하나님 앞에 서 있는 이스라엘 백성의 무리를 가리켜 교회(카할)라고 부르고 있다(출 19:16~19). 하나님의 임재가 시내산과 장막에서 이스라엘 백성 앞에 나타난 사실을 보면 성경은 교회를 장소적 개념으로 보지 않고 하나님의 임재 앞에 서 있는 '무리'들을 교회라고 부르고 있는 것이다. 특히 사도행전에 나온 스데반의 설교에서도 하나님의 교회를 장소로 말하지 않고 하나님이 백성과 함께 계시는 곳을 교회(카할)라고 가르치고 있다(행 7:1~17).[41]

신약에서는 '불러내다'(to call out)를 의미하는 동사에서 교회라는 말이 나오는데 하나님의 부르심을 받은 회중(assembly)으로서의 교회를 말하고 있다. 교회는 헬라어로 에클레시아인데 '불러내어진 거룩한 무리'를 의미한다. 신약에서 에클레시아는 115번 나온다. 회중에서 3번 나오고 나머지 112번은 교회에 붙여졌는데 그 의미를 분석해보면 지상에서 불러내어진 구원받은 총체를 가리키는 우주적인 교회(마 16:18, 엡 3:10)와 지역(도시)에 있는 교회(행 18:11; 20:31, 계 3장), 그리고 가정에 있는 교회(행 2:46; 5:42; 12:5; 20:20, 롬 16:3,5, 고전 16:19, 골 4:15, 몬 1:2)를 언급할 때에만 교회(에클레시아)라는 칭호가 붙여졌다는 것을 알 수 있다.

그리스도께서는 제자들이 신앙고백 할 때 최초로 이 용어를 사용하셨다(마 16:18; 18:17). 예수께서는 구약에서 이스라엘 집단에게 붙여졌던 교회(카할) 칭호를 제자들의 집단에 대치시키며 적용시켰다. 그러므로 교회(에클레시아)는 사람들을 지칭하는 집단명사이지 건물이 아니었음을 알 수 있다.

사도 바울은 교회(에클레시아)라는 말을 일정한 지역에 있는 신자들의 공동체(고전 1:2, 고후 1:1, 살후 1:1)와 보편적인 의미의 교회로서(엡 1:2, 골 1:18) 우주적인 단일의 교회(본질의 교회, 무형의 교회)를 말할 때 '에클레시아' 라는 말을 사용했다. 바울은 교회를 지체적 개념으로 말하고 있으며(고전 12:12), 교회는 구속받은 성도들의 모임으로 공동체적 성격을 띠고 있다고 가르친다. 그리고 그 공동체는 주님을 머리로 한 생명적 유기적 공동체임을 강조한다. 즉 모든 그리스도인들은 중생함과 동시에 보편의 교회(본질의 교회)에 참여하게 된다. 여기에서 교회의 본질은 기관이 아닌 백성이며, 제도가 아닌 공동체이며, 유형적이건 무형적이건 인격성을 가진 공동체이다.

그러므로 교회란 예수 그리스도를 주로 고백하는 무리들, 더 나아가 천상과 지상에 있는 모든 신자들(엡 1:12; 3:10, 골 1:18)을 말한다. 예수 그리스도께서는 '자기 주위에 모여 공적으로 예수를 주로 시인하고 하나님 나라의 원리를 받아들인 무리' 들에게 교회란 칭호를 적용시키셨지만 더 나아가 사도들의 가르침에 의하여 언제인가 그리스도를 믿게 될 모든 신자들까지도 교회(에클레시아)의 영역에 포함시켰다.

왜 가정교회가 교회 될 수 있는가?

위에서 말한 바와 같이 성경에서 말하는 교회가 무엇인지 알면 가정교회가 교회라는 것에 확신을 가질 수 있다.

개혁 교회의 표지인 말씀선포, 권징, 성례식이 가정교회에서 제대로 시행되지 않는다 하여도 가정교회는 교회이다. 왜냐하면 성경에서 말하는 교회의 기준은 세 가지 표지가 아니기 때문이다. 개혁 교회의 세 가지 표지가 가지는 원래 의미는 교회가 하나님의 말씀을 생명으로 여겨야 하며 교회에서 말씀이 변질될 때 참된 교회가 될 수 없고 생명력을 잃는다는 것을 가르치기 위함이다. 그러므로 가정교회가 말씀의 터 위에 세워지고 말씀에 지배를 받는 공동체라면 분명히 교회가 될 수 있는 것이다. 그리고 성례식이나 권징이 작은 공동체인 가정교회에서 제대로 시행되지 않더라도 큰 공동체인 교회에서 시행하고 있기에 문제가 되지 않는다. 가정교회와 큰 공동체인 교회는 유기적 관계에 있기 때문이다.

또한 지역적인 특성이나 가정교회 모임의 형태나 관계의 유형에 있어 오늘날과 초대 가정교회의 상황이 다른 것은 사실이다. 그러나 가정교회는 신약 교회의 모습이며 초대 교회 이후 여러 시대를 거치면서 여러 모양으로 존속해 왔다. 족장 시대에는 가정에서 가장이 제사장 역할(창 4:26)을 했고, 모세 시대의 교회는 광야 교회로 성막에서 백성들이 하나님과 만남을 가짐으로 교회를 이루었고, 성전 시대는 성전에서 하나님 앞에 예배하며 교회를 이루었다. 초대 가정교회와 오늘날 우리의 교회 현실이 문화적 차이, 생활 방식과 형태의 차이가 있는 것이 사실이나, 초대 가정교회의 기능과 정신, 생명의 역동성을 계속 유지 발전시켜야 한다는 사실은 변함이 없는 것이다. 시대나 문화가 다르다고 교회의 원리나 근본정신이 사라지는 것은 아니다. 그러므로 초대 가정교회의 정신과 그 역동성을 우리 시대 상황에 맞게, 적합한 방식으로 되살리는 것이 중요하다. 그렇게 하지 않으면 건강한 교회를 세우는 것은 불가능하다.

또 가정교회가 교회의 총체적 기능을 못하고 있다는 지적에 대해 이야기해 보자. 사실 이 땅에 있는 교회 중 완전한 교회가 어디 있는가? 함께 지어져 가는 교회가 있을 뿐이다. 존 스토트가 말한 대로 교회는 양면성을 지니고 있다. 교회는 성결함을 입은 존재이지만 여전히 죄악 가운데 있으며, 거룩해지도록 부름 받은 존재이다. 교회는 풍성한 은혜를 받은 존재이지만 여전히 허물이 많으며, 그리스도의 재림 전까지는 완벽한 교회란 존재하지 않을 것이다.[42]

가정교회 역시 이상적인 교회상을 추구해 가지만, 여전히 연약한 부분, 보완해야 할 부분들이 많다. 그러나 가정교회만큼 평신도 사역자들이나 구성원들이 함께 자라며 받은 은사대로 사역하며 그리스도의 몸을 이루어 가는 데 좋은 토양은 없다. 로버트 뱅크스는 그가 쓴 책에서 "이 땅의 교회 중에 가정교회가 최선의 교회 형태"라고 주장하고 있다.[43]

헤르만 바빙크도 그의 책 '하나님의 일'에서 바울이 교회의 명칭(에클레시아)을 '각 지역에 있는 신자들의 모임에 적용시켰고(갈 1:2,

22), 특히 가정교회 모두에게 명확하게 교회 명칭을 지어주었는데 이것은 괄목할 만한 일이다.'라고 말하고 있다.

  마지막으로 가정교회가 건물을 갖지 않고 집에 모이는 것에 대하여 이의를 제기하는 사람이 있는데, 신구약 성경 전체를 보더라도 교회를 건물로 말한 곳은 단 한 군데도 없다. 교회사적으로 볼 때 교회의 건물은 로마에서 기독교가 공인되면서부터 발전하기 시작했다. 한국교회 그리스도인들은 교회라고 하면 본질적인 무형교회는 생각지 않고 건물이나 숫자만 생각하기 때문에 가정교회를 교회로 인정하기 힘들어하는 경향이 있다.

  위에서 언급한 것처럼 성경적으로 보면 교회(에클레시아)라는 칭호가 우주적인 교회와 지역교회, 그리고 가정교회에 붙여진 것을 쉽게 알 수 있다. 교회라는 개념을 지역교회에 가두어 제도 속에 있는 건물만 생각하면 가정교회가 교회라는 것에 의심을 품게 되는 것이다. 보편의 교회 개념으로 생각할 때는 그리스도인 한 사람 한 사람이 교회라 할 수 있고, 그리스도인이 모이는 모임, 즉 공동체를 교회라 할 수 있기 때문에 가정교회를 교회라고 부를 수 있는 것이다. 성경은 말씀이 바르게 선포되고 예배와 기도와 영적인 교제가 있는 성도들의 모임에 교회(에클레시아)라는 칭호를 붙여주었다. 그러므로 교회에서 건물(회당, 성전)이 중요한 것이 아니라 말씀과 복음을 가진 사람이 중요한 것이다. 건물은 어디까지나 복음전파와 교제를 위한 도구와 수단에 불과하다.

Ⅳ. 가정교회 성장을 막는 장애 요인과 그 해결 방안

소그룹 모임을 필수적인 것으로 생각하지 않고 주일 예배만 중요시 하는 사고방식을 가진 사람들로 인하여 가정교회가 부흥하는 데 지장이 되고 있다.

윌리암 벡헴의 말을 빌리면 "한국 교회는 큰 날개만을 중요시하지 작은 날개는 경시한다"[44]는 것이다. 초대 교회 성도들이 성전(큰 날개)에 모이는 일에도 힘쓰고 가정에서 모이는 가정교회(작은 날개) 모임도 중시했던 것처럼 교회는 두 가지가 균형을 이루도록 성도들을 훈련하고 교육해야 한다.

공동체에 시간을 투자하라

오늘날 많은 사람이 빨리 왕래하고 지식이 더해졌지만, 그만큼 우리 주변에 일어나는 많은 사건·사고로 인해 개인적으로 쓸 수 있는 시간들은 줄어들고 있다. 가정교회가 한번 모이면 두세 시간 정도는 나눔의 시간을 가져야 깊은 교제가 이루어지는데, 구성원들의 분주함 때문에 건강한 가정교회를 만드는 사역이 지장을 받고 있다.

가정교회의 지도자는 이 모임의 중요성과 가치를 그룹원으로 하여금 알게 하여 가정교회 모임을 우선순위에 두도록 지도해야 한다. 그래야 가정교회에 자원하여 모이기를 힘쓰고 삶의 우선순위가 바뀌어 감을 경험하게 될 것이기 때문이다.

그룹원들의 유동성

분가에 역점을 둔 나머지, 그룹의 멤버나 환경이 자주 변하다 보면 공동체로서의 친밀감 형성이 잘 이루어지지 않을 수 있다. 혹은 타 지역으로 이사를 하는 경우도 마찬가지이다. 그만큼 가정교회가 깊이 뿌리내리기 힘들어지는 것이다. 이것이 공동체 붕괴의 주요 원인이 될 수 있다. 그러므로 이런 일을 사전에 막기 위하여 가정교회가 처음 형성될 때 목회자는 숙고하여 미래를 내다보고 구성원들의 형편을 고려해서 가정교회를 세워야 할 것이다.

자기중심적 사고를 버려라

교회의 행사나 의식이 집단적이기 때문에 개인주의가 갈수록 더해간다. 예배 시간에도 성도들이 마주보고 앉는 것이 아니라 앞만 바라보고 앉게 되어 있다. 개인주의적으로 생각하는 데 익숙한 사람이 많으면 가정교회는 기능을 발휘하기 힘들다. 가정교회는 서로 섬기고 돌보고 나누면서 모든 그룹원들이 자기 중심에서 그리스도 중심으로 변화되어 가는 데 필요한 이상적인 환경을 제공한다. 그러므로 가정교회가 제 기능을 발휘하려면 가정교회의 평신도지도자 자신부터 헌신적으로 섬김과 나눔을 실천해야 한다.

자신의 느낌과 감정을 털어놓을 수 있는 분위기 결핍, 즉 모임에서 상대방의 생각과 느낌보다 자신의 그것이 주도적인 역할을 한다면 그 가정교회는 든든히 서기 어렵다.

비판적인 사고와 지식적인 성경연구 등이 두드러지면 깊은 나눔이 사라지고, 최소한의 의사소통과 친교만이 있을 뿐이다. 상상력과 감정을 이끌어 내도록 해야 한다. 그룹원들에게 가정교회가 모여야 하는 이유를 알려주어야 한다. 그리스도 안에서 공동체적 삶을 살고 세상 속에서 사명을 감당하는 그리스도인으로 살기 위하여 얼굴을 맞대고 확장된 그리스도인의 가족으로 서로 감정을 교류하고, 배우고, 나누고, 예배하고, 교제하는 것임을 상기시켜 주어야 하는 것이다.

가정교회의 모습은 어떠해야 하는가?[45]

누구든지 자신의 문제를 혼자 짊어져서는 안 되며, 누구도 자신의 무능력을 감출 필요는 없다. 또한 할 말 있는 사람 따로 있고 할 말 없는 사람이 따로 있어서는 안 된다. 어느 누구도 소외되거나 격리되어서는 안 된다. 자신의 감정이나 느낌을 털어놓을 수 있는 분위기가 형성되어 있는 가정교회가 건강한 가정교회이다.

프로그램 중심이 아닌 사람 중심[46]

가정교회에 있어 중요한 것은 프로그램이 아니라 사람이다. 가정교회 모임이 너무 프로그램 중심이고 계획적일 때 일어나는 문제가 있다. 성령의 인도하심과 역동성을 배제하게 되면 성령을 의지할 여지가 없게 된다. 물론 가정교회를 성장시키는 데 조직이나 방법도 필요하겠지만, 그것이 사람을 세우고 개발하는 일보다 우선이 된다면 그 가정교회는 형식적이고 인위적인 모임으로 전락할 수도 있다. 따라서 지도자는 모든 순서에 성령의 생각을 감지하도록 자유로움 속에서 민감해야 한다.

목회자의 지나친 간섭이나 통제 지양

가정교회 지도자에게 사역을 위임했으면 어떤 이유에서든지 통제하지 말아야 한다. 그들에게 사역을 위임할 때 목회자 자신의 사역에 부담이 줄어들 뿐 아니라, 가정교회 지도자 개인에게도 성장과 변화가 일어나게 되는 것이다. 그들은 자신이 맡은 사역을 책임감 있게 감당할 뿐 아니라 목회자를 이해하며 신뢰와 존경을 갖게 된다. 그러므로 목회자가 평신도 사역자인 가정교회 지도자를 간섭하고 통제하는 것은 가정교회 성장에 많은 장애가 된다.

갈등의 시기를 극복하자

가정교회 사역을 하다보면 기쁨과 감격의 때가 있는가 하면 갈등의 시기도 반드시 있게 마련이다. 이때 가정교회 지도자나 그룹원들이 시험에 들기도 하고 영적인 매너리즘에 빠질 우려도 있다. 이 때를 잘 넘기도록 지도자는 인내하면서 가르쳐야 한다. 특히 경건생활에 힘씀으로써 갈등의 고비를 넘기도록 하라. 이 시험을 이기면 승리와 축복이 있음을 기대하게 해야 한다.

헌신, 과하거나 부족함이 없이

별 생각 없이 열심을 내다보면 다른 그룹원들에게 덕이 되지 않고 자신에게도 유익이 되지 않아 허탈감에 빠지게 된다. 또 다른 면으로는 가정교회 모임이나 사역에 소극적일 경우에도 본인이나 다른 지체들에게 걸림돌이 되기도 한다. 그러므로 이러한 경우는 가정교회에 대한 취지나 동기, 방향, 목적 등을 잘 점검해보고 신실하게 가정교회 사역을 하고 있는 지도자들이나 가정교회를 참관하거나 방문하고 상담함으로 그 문제를 해결 받을 수 있다.

그 외의 다른 장애 요인들

아래 질문과 답변은 화평교회의 가정교회 지도자들이 사역 현장에서 겪었던 일들을 목회자세미나 때 목회자들에게 답변한 내용이다.

■ **가정교회를 기존 전통적인 교회에 어떻게 접목할 수 있겠는가?**
가장 중요한 것은 목회자 자신이다. 목회자 자신이 가정교회에 대한 확신과 비전만 있다면 전통적인 교회에서도 얼마든지 가능하다고 본다. 다만 개척교회보다 교육이나 훈련기간이 더 요구된다. 랄프 네이버는 5년으로 보고 있지만 교회 상황에 따라 3년에서 5년 정도 준비하면 가정교회 체질로 바꿀 수 있다고 생각한다. 부분적인 실험적 실시보다는 전체적인 변환이 부작용을 최소화할 것으로 본다.

■ **식사는 부담스럽지 않은가?**
사역을 앞두고 있을 때는 대부분 부담스럽게 생각하지만 막상 가정교회 사역을 하다보면 전혀 그렇지 않다. 가족에게 맛있는 음식을 먹이려고 하듯 대접하는 사람은 그런 자세로, 대접받는 사람은 그 시간이 기다려진다. 그러나 이런 모습이 되기까지는 가장과 총무의 헌신적인 수고와 섬김이 필요하다. 처음 얼마 동안 가장의 집에서 하다보면 가원들도 미안한 마음이 들어 자원자가 나오게 되고 시간이 지나면서 자연스럽게, 자발적으로 식사와 모임장소가 확대되는 것을 볼 수 있다. 부득이한 경우는 간식으로 대체할 수도 있다.

■ 모임 시 아이들은 어떻게 하는가?

한국적인 상황(집이 좁은 경우가 많아서)에서 더욱 어려운 문제이다. 처음에는 아이들을 순서에 부분적으로 참여시키기도 하고 가정교회 내에서 담당자를 세워 돌아가면서 돌보거나 아이들에게 맞는 다양한 순서를 가져 보기도 하였으나 역부족이었다. 화평교회에서는 큰 공동체인 교회에서 어린이 담당교사를 세워 유치부 방에서 어린이 프로그램을 진행하거나 재운다. 거리 상 맡기지 못하는 가정교회에서는 조금 큰 아동이 아이들을 다른 방에서 돌보는데, 그들끼리의 관계는 어른들 못지 않게 친밀하며 형제애가 돈독하다. (교회적으로 볼 때 소망 있음)

■ 혼자 믿는 분들은 가정교회에 참석하는 것이 어렵지 않은가?

결코 그렇지 않다. 참석 전에는 이런 생각을 하는 분들이 간혹 있었지만 참여하면서 생각이 바뀌게 된다. 그 이유는 가정교회 분위기가 가족적이어서 부부 팀에 대한 시기심보다는 주 안에서의 형제 사랑을 느낄 수 있기 때문이며, 오히려 누구나 부담 없이 참여할 수 있는 순서가 많기 때문에 믿지 않는 남편이나 식구들을 데려오고 싶어 한다. 실제로 남자 가원들의 도움(그들의 적극적인 관심, 기도, 만남)

을 받아 안 믿는 남편을 가정교회에 참여시키는 예가 많다.

■ 가정교회를 어떻게 편성했는가?

먼저 가정교회 지도자(가장·총무)를 세우고 그 다음에 가원(구성원)들에게 자신이 원하는 지도자를 선택하도록 하였다. 이때 초신자나 믿음이 연약한 자는 무조건 1순위로 보내주고 신앙연륜이나 믿음의 정도가 크다고 인정되는 사람은 2순위, 3순위, 4순위 중에서 조절을 하였다. 이런 과정은 사전에 가원들에게 양해를 구하는 것이 좋다. 새가족이 등록한 경우는 전도한 사람의 가정교회나 그가 원하는 가정교회에, 스스로 나온 새가족은 교역자가 보기에 잘 적응할 수 있는 가정교회로 보내준다.

■ 가정교회 지도자는 어떻게 훈련을 받고 있는가? 혹은 받았는가?

교회에서 실시하고 있는 교육과 훈련 과정(새가족반, 양육반, 제자반, 지도자반 등)을 마친 사람을 사역자로 세우는 것을 원칙으로 하되 예외는 있다. 또 사역하면서 지속적으로 훈련을 받는데 매주일 오후 2시간 이상 그들만을 위한 모임이 있다. 모임 내용은 그룹별 나눔이나 기도회, 토론, 찬양, 다양한 특강(소그룹, 멘토링, 리더십, 인간관계론, 교회론, 공동체훈련 등)과 가정교회에서 인도할 교재 연구 등이다.

■ 가정교회 성경공부 교재는 무엇을 사용하는가?

창세기부터 차례대로 교재를 만들어 공부하다가 얼마 전부터는 주일 낮 설교를 요약, 교재로 만들어 적용 중심으로 공부한다. 각각 장단점이 있는데 새신자들은 주일 낮 설교 내용을 나누는 것을 더 좋아하고 기존 신자들은 성경을 차례로 공부해나가는 것을 더 좋아한다.

■ **가정교회 사역을 하면서 가장 힘든 일은 무엇인가?**

힘들지 않은 일이 어디 있겠는가. 하지만 가정교회가 성장하고 성숙해 가는 과정에서 나타나는 어려움이므로 흔들리거나 좌절해 본 적은 없다. 가정교회 사역이 성경에 근거한 본질적인 사역이라는 확신 때문에 힘을 잃지 않는다. 하지만 가끔 힘들 때는 가정교회 지도자들이 사역하면서 힘들어 할 때이다. 이럴 때는 주님 앞에 엎드리는 길밖에 없다. 그리고 나서 힘겨워하는 지도자를 개인적으로 만난다. 가정교회 지도자들에게 위로와 격려를 아끼지 않으려 노력한다. 평신도 사역자들에게 나의 목회 에너지를 70퍼센트쯤 투자하고 싶다. 그래서 평신도지도자들을 정기적으로, 혹은 틈나는 대로 만나본다.

■ **교회와 가정교회의 관계를 어떻게 보는가?**

서로 독립적이면서도 유기적인 관계이다. 큰 공동체(교회)에서 할 수 없는 일들을 작은 공동체(가정교회)가 감당하고, 작은 공동체가 할 수 없는 일들을 큰 공동체가 감당하여 상호보완과 균형을 이루어 건강한 교회를 세워나가는 것이다.

■ **가정교회는 언제, 몇 명 정도 모이며 시간은 어느 정도 갖는지?**

가정교회 식구들이 모이기에 가장 적합한 요일, 시간으로 가원들이 직접 정한다. 화평교회는 대부분 목·금에 많이 하는데 화·수는 큰 공동체에 훈련 프로그램들이 있기 때문이다. 모임 시간은 3시간 정도가 좋으나 가정교회 형편에 따라 신축성 있게 할 수 있다. 그러나 정기모임이 짧으면 친밀감 형성이나 성숙에 지장을 초래할 수 있고, 또 너무 길면 초신자나 사정이 있는 가원의 경우 부담과 불안감을 가질 수 있으므로 가원들의 상황을 고려하여 지도자가 지혜롭게 인도함이 좋을 것이다.

■ **가정교회에서 전도는 어떻게 하는지?**

관계전도를 지향한다. 아직 믿지 않는 가족이나 평상시 관계하고 있는 이웃을 가정교회 모임에 초청하거나 특별한 전도이벤트를 가정교회별로 실시하여 복음을 전한다. 무작위전도가 불가능한 현대에는 가정교회야말로 전도하기에 가장 좋은 환경이라 할 수 있다.

■ **가정교회에서 선교는 어떻게 하는가?**

각 가정교회별로 선교사와 선교지를 정하여 후원한다. 물질적 후원뿐 아니라 가정교회 내의 선교담당자를 통해 적극적인 관심과 기도를 할 수 있게 정보를 제공한다. 이메일이나 선교편지를 통해 긴급한 기도를 요청할 때 신속히 후원하고 선교사들이 귀국할 시에는 초청하여 선교보고 및 나눔의 시간을 갖고 정성껏 대접한다. 가정교회는 선교에도 강력한 에너지를 발휘할 수 있다.

■ **가원들 사이에 문제가 발생할 경우 어떻게 하는가?**

1차적으로는 가원 스스로 해결방안을 찾도록 하고 그 다음은 가정교회 지도자가 기도하며 돕는다. 특별한 경우 담임목사가 개입하거나 지도자와 상담하며 해결하지만 가정교회의 좋은 분위기로 인하여 문제가 별로 일어나지도 않고 또 스스로 해결해 가는 것을 흔히 본다.

한가족이기 때문이다.

■ 어느 때 분가하는 것이 좋은가?

　가정교회의 상황과 영적 성숙 정도에 따라 판단하는 것이 좋다. 인원이 많다고 무조건 분가하면 성숙한 공동체 형성에 지장을 초래할 수 있고 계속 끼리끼리 머물러 있으면 영적으로 침체될 뿐 아니라 가정교회의 취지와 목적에도 어긋나는 일이다. 그러므로 분가의 시기는 가정교회에 따라 다르다고 본다. 대략 인원이 15명 이상 되고 예비 가장이 있는 경우는 분가할 수 있다.

■ 가정교회 지도자는 부부로만 세워야 하는가?

　꼭 그렇지만은 않다. 한국적인 상황에서 보면 어느 교회나 믿음 좋고 헌신된 여 성도들이 더 많기 때문이다. 가정교회의 활성화를 위해서, 혹은 홀로 믿는 성도들의 사역의 기회를 위해서 부부로 제한하는 것은 바람직하지 못하다. 영적인 교제가 잘 이루어진 상태에서는 이성으로, 혹은 동성으로 가장과 총무가 되어 일할 수 있다. 현재 우리 교회에도 몇몇 가정교회가 그러하다. 그러나 바쁘게 돌아가는 현대인들의 상황을 감안할 때 부부가 가장과 총무가 되면 수시로 사역을 의논하고 나눌 수 있어 좋으며, 부부가 함께 하나님 나라의 거룩한 목표를 두고 삶을 영위해 간다는 점에서 이상적이라 할 수 있다.

■ 가정교회가 이성으로 모이면 깊은 나눔이나 교제를 할 수 없지 않은가? 또 이성간의 문제는 없는가?

　가정교회를 교회로 인정한다면 남녀가 함께 모여 건강한 교회를 이루는 것이 마땅한 일이다. 교회에서도 그렇듯이 그리스도의 한 지체로서 형제 자매를 사랑하고 섬기는 것이므로 이성간의 문제는 발생한 적이 없다. 우리는 주님 안에 한 가족, 즉 거룩한 공동체가 아닌가. 따라서 이성간의 깊은 나눔도 가능하다고 보며, 혹 이성에게 노출하기 곤란한 이야기들은 가정교회 안에서도 남·여성도가 따로 모이는 비정기적 모임 때 얼마든지 나눌 수 있다. 이성이 함께 만나는 모임이어서 문제되는 예보다 이성들을 통해 자기 배우자를 폭넓게 이해할 수 있는 경우가 많다.

가정교회 사역을 하면서 어려웠던 점

누구도 가보지 않은 숲을 헤쳐나가면서 때로는 두려움과 살얼음판을 걷는 심정을 느낄 때가 많았다. 하지만 고민 끝에 답을 얻어 확신을 가지고 사역했을 때 나타나는 열매를 보면서 너무 기뻤던 일들이 많아서 힘들었던 일은 생각조차 나지 않는다. 더군다나 제자 사역으로 기초가 다져진 상태에서 가정교회 사역을 실시했기 때문에 별 무리가 없었다. 기억을 더듬어 힘들었던 일들을 생각해보면 다음과 같다.

■ **가정교회 사역자들이 사역에 지쳐서 힘들어할 때**
IMF 사태 이후 직장에서 많은 스트레스를 받는 상황에서 가정교회 사역에 전념한다는 것이 평신도 사역자들에게는 쉽지 않은 문제였다. 영적으로 육적으로 피곤에 지쳐 사역하는 모습을 보면서 마음 아플 때가 많았다.

■ 선입견을 가지고 마음을 열지 않는 가원들을 볼 때

　가정교회가 신앙성장에 가장 좋은 토양임에도 불구하고 마음 깊은 곳에 있는 것들을 열어놓지 않고 피상적인 이야기만 하는 가원들은 가정교회에서 오는 축복들을 경험하지 못하고 있다. 그러나 가정교회 분위기가 더 성숙해지면 언젠가는 마음을 열게 되리라고 확신한다.

■ 8개의 가정교회를 축소했을 때

　분가에 역점을 두고 가정교회 사역을 하다보니 문제가 발생했다. 분가된 가정교회의 지도자나 핵심멤버, 가원들이 연합하고 조화를 이루었으면 문제가 없는데, 그렇지 못하여 셀(cell)을 폐쇄할 수밖에 없는 상황에 이르러 16명의 사역자들이 사역 중에 다른 가정교회로 편입하는 상황이 벌어지게 되었다. 그럼에도 불구하고 사역자들은 나의 목회 지도력에 전적으로 순종을 했지만 나로서는 그 사역자들에게 미안하고 그 일로 인하여 상당히 마음이 아팠다.

■ 열악한 환경으로 부흥되지 않는 가정교회를 볼 때

　사역자들 사이에도 비교의식에서 오는 스트레스가 있다. 능력의 한계에서 갈등이 오는 경우도 있지만 대부분 열악한 환경으로(거리, 구성원 등) 몇 년이 지나도 가정교회가 부흥하지 않으면, 가장(총무)과 가원들이 함께 지치는 모습을 본다. 이때 새로운 변화를 시도하지 않으면 더욱 영적인 침체에 빠지게 된다.

■ 가정교회 지도자, 가원들이 변화와 성숙(진보)을 위해 수고하지 않는 모습을 볼 때

'너의 진보를 모든 사람에게 알게 하라', '어찌하여 서로 관망만 하고 있느냐?'

항상 어린아이 같은 상태에서 머물러 있고 새로운 시도나 변화를 거부하면서 '이대로 여기가 좋사오니' 하는 가장과 가원들. 때로는 이러한 모습이 가정교회 사역에 고민거리가 되기도 한다.

V. 가정교회와 다른 소그룹의 차이는 무엇인가?

오늘날 한국 교회 안에는 소그룹 개념을 가진 모임의 형태들이 수없이 나타나고 있어 그 차이를 이해하는 데 다소 어려움이 있다. 구역의 성격을 가진 다락방, 속회, 목장, 밴드목회, 사랑방, 셀교회 등이 있고 소그룹의 사역과 목적에 따라 봉사그룹, 지원그룹, 찬양그룹, 친교그룹, 전도와 선교그룹 등이 있다. 이러한 소그룹들을 분석해보면 각기 나름대로 강점과 특성들이 있으며 가정교회의 유사성과 차이점도 있다.

여러 소그룹들은 공동의 발전과 성숙을 위해 존재하되, 자신과 다른 사람의 유익을 위한 소그룹이 대부분이다. 과연 이러한 다양한 소그룹 모임을 모두 교회라고 볼 수 있겠는가? 빌 도나휴(Bill Donahue)는 오늘날 교회 안에 이루어지고 있는 소그룹의 형태를 '소그룹이 있는 교회(church with small groups)', '소그룹 중심의 교회(church of small groups)', '소그룹이 곧 교회(church is small groups)' 등 세 가지로 분류했다.[47]

랄프 네이버나 윌리암 벡햄 그리고 싱가포르의 로렌스 콩은 소그룹이 곧 셀교회라고 말한다. 그러나 로버트 뱅크스는 소그룹이 가정교회에 가깝고 겹치는 부분이 있지만 소그룹은 가정교회와 본질적으로 차이가 있으므로 모두 교회라고 할 수 없다고 주장한다. 본인이 조사한 설문에서도 나타났듯이 대부분의 한국 교회는 소그룹이 있는 교회에 속하지만 소그룹 중심의 교회는 희귀하다. 건강한 교회일수록 소그룹 사역이 교회 중심의 사역이 되고 있다.

슈바르츠가 제창한 NCD 원리에서도 21세기의 가장 건강하고 이상적인 교회의 질적 특징 중 하나가 바로 소그룹이라는 결과가 나왔다. 그만큼 소그룹이 가지고 있는 가치와 중요성은 대단한 것이다. 그러나 앞서 말했듯이 무조건 "소그룹=교회"라고 단정지을 수는 없다. 소그룹이 교회의 기능을 다할 때 교회라 할 수 있지만 소그룹의 형태를 지니고 있다고 교회(가정교회)라 할 수는 없는 것이다.

가정교회와 소그룹의 차이를 이해하기 위해 먼저 소그룹에는 없는, 가정교회만이 가지고 있는 특성들을 살펴보는 것이 지혜로운 일이라 할 수 있다.

가정교회는 첫째, 수준 높은 공동체적 삶을 발전시키는 것을 목표로 한다. 둘째, 하나님과 사람의 인격 성숙에 집중하는 모임이다. 셋째, 장소보다 서로에 대한 보살핌과 섬김을 중요시한다. 넷째, 상호적인 사역을 통하여 하나님이 주신 은사를 확인하고 사용하는 것을 배운다. 다섯째, 삶의 현장에서 전도와 선교에 헌신하는 것을 중요시한다. 여섯째, 확장된 그리스도인의 가족으로 초대 교회처럼 찬양과 기도와 나눔과 식사교제와 성경공부 등을 진행한다. 일곱째, 교회의 총체적 기능을 다하는 일에 힘을 쓴다.

셀교회와의 차이

셀교회는 어떤 소그룹의 형태보다도 가정교회와 가깝게 느껴질 정도로 교회의 기능을 다하고 있다. 그러나 강조점이나 특성에 있어서 약간의 차이가 있다.

셀교회는 초대 교회의 모델을 지나치게 강조한 나머지 조직과 계급적으로 빠질 위험성이 있다. 지나치게 사람에게 집중해 세속적인 경영 방식으로 셀교회를 운영할 수 있다는 것이다. 또한 셀교회는 재빠른 변화를 요구함으로 깊은 관계를 세울 여유가 없으며 공동체적인 유대관계가 약화될 우려가 많다. 이러한 부분들이 가정교회와 셀교회의 차이이다.[48]

기존 구역(다락방, 속회)과의 차이

이 모임들은 형태에 있어 가정교회와 비슷한 요소들을 많이 가지고 있지만 적어도 내용면에 있어서는 아래와 같이 다소의 차이가 있다.

첫째, 사역의 위임에 있어서 차이가 있다. 가정교회는 가정교회 지도자에게 재량권을 주어서 사역을 전폭 위임하는 반면에 기존 구역은 부분적 위임이 되며 많은 부분에 대하여 교회에서 주도권을 행사한다. 둘째, 가정교회는 교회의 총체적 기능을 다하나 구역은 몇 가지 부분적인 기능만 감당하는 것이다. 셋째, 가정교회는 새가족을 중요시하며 전도와 선교에 중점을 두지만 기존 구역 모임은 기존 신자끼리의 관계나 교제에 더 많은 역점을 둔다.

넷째, 가정교회는 성경공부보다 삶을 나누는 일을 중요시하나 구역은 성경공부 중심으로 삶을 깊이 나누는 일이 적거나 없다. 다섯째, 가정교회는 모임 진행 순서에 그룹원 전체가 참여하며 역할분담이 이루어지나 구역 모임은 지도자 일변도로 진행되는 경향이 많다. 여섯째, 가정교회는 관계 중심으로 형성되며 분가하더라도 서로 유기적 관계를 가지고 계속 교제가 되어 깊은 공동체를 이루지만 구역은 지역 중심으로 교회에서 편성해주고 매년 혹은 자주 구성원이 바뀌어져 공동체적인 유대관계가 형성되기 어렵다.

지금까지 가정교회와 구역(다락방, 속회)의 차이를 말하였지만, 혹 어느 교회가 가정교회의 기능과 특성을 가지고 구역 모임을 충실히 이끌어 가고 있다면, 이름은 구역(다락방, 속회)이지만 이 역시 진정한 가정교회라고 할 수 있을 것이다.

교회 내 다른 소그룹과의 차이

교회 내의 여러 소그룹들은 각자의 기능과 목적이 다르기 때문에 가정교회와의 차이를 쉽게 발견할 수 있다.

첫째, 가정교회는 분가나 재생산에 역점을 두지만 교회 내 일반 소그룹은 각기 그룹에 맞는 목적을 지향한다. 둘째, 가정교회는 주님의 온전한 몸을 이루는 데, 혹은 깊은 공동체적인 삶을 발전시키는 데 목적을 두지만 일반 소그룹들은 제각기 그룹의 발전과 목적을 이루는 일에 힘을 쓴다. 셋째, 교회 내 소그룹들은 가정교회의 기능 중 한 부분만을 감당한다. 예를 들면 친교그룹은 친교를, 찬양그룹은 찬양을, 전도그룹은 전도를 감당하고 있는 것이다. 그러나 가정교회는 이 모든 부분을 총체적으로 감당한다.

가정교회와 소그룹과의 관계

지금까지 살펴본 바와 같이 가정교회와 소그룹 사이에 다소의 차이가 있다면 교회 내에서 두 관계를 어떻게 보아야 하는가?

교회 내 소그룹은 든든한 가정교회를 이루어 나가는 데 있어서 지체의 역할을 하고 가정교회에 기초를 둔 소그룹이 되어야 한다. 그리할 때 유기적인 관계를 형성하게 된다. 또한 소그룹은 큰 공동체인 교회와 작은 공동체인 가정교회와 함께 상호의존적인 관계를 만들며 강한 공동체를 이루어 나가게 하는 역할을 한다.

VI. 가정교회 지도자의 리더십 계발

가정교회 지도자의 자질

가정교회의 생명은 훈련된 평신도지도자들인데, 많은 목회자들이 평신도를 지도자로 훈련시키는 일에 대가를 지불하지 않고 풍성한 열매만을 꿈꾸고 있는 것이 문제이다. 훈련된 평신도지도자가 없는 가정교회는 생각조차 할 수 없다. 소그룹의 부흥과 건강 여부는 소그룹의 지도자에게 달려 있기 때문에 교회가 지도자를 발굴하여 훈련하는 일에 최선을 다하지 않으면 가정교회는 희망이 없는 것이다. 그러므로 교회가 평신도지도자의 리더십 계발과 훈련에 주력하지 않는다면 그 교회의 가정교회는 잠시 나타났다가 사라지는 생명 없는 모방그룹(imitation group)에 지나지 않을 것이다.[47]

이처럼 가정교회를 견고하게 하기 위해서는 평신도 사역자의 지도력 개발이 필수적이며, 이것은 소그룹의 존폐 여부를 결정짓는 중요한 요인이 되기도 한다. 따라서 지도력 개발과 훈련은 건강한 목회를 위해 교회가 반드시 시행하여야 할 사명이다. 지도력이 정체되고 성장하지 않으면 교회는 부흥될 수 없다. 교회 성장과 지도력은 불가분의 관계에 있기 때문이다. 그러므로 교회의 큰 책임과 사명은 평신도 지도자들의 신앙이 계속 자라도록 도와서 역량껏 소그룹 안에서의 중요한 사역을 다하게 하는 것이다.

가정교회를 통해서 아름다운 열매를 맛볼 수 있는가 그렇지 않은가는 전적으로 평신도지도자에게 달려있다. 그룹원들의 의식수준이나 기술, 방법, 경험 부족 등을 탓할 수도 있겠지만 일차적으로는 모든 책임이 평신도지도자에게 달려있음을 인정해야 한다.

그러므로 가정교회 지도자는 첫째, 소명의식이 투철해야 한다. "나를 능하게 하신 우리 주께 내가 감사함은 나를 충성되이 여겨 내게 직분을 맡기심이라."(딤전 1:12)라고 고백하던 바울과 같은 투철한 소명의식이 가정교회 지도자에게 있어야 한다. 하나님에 의하여 부름을 받았다는 의식이 책임감 있게 일하게 한다. 하나님의 경륜 가운데 자신이 사역자가 되고 그리스도의 일꾼이 되었다는 강력한 소명감으로 가정교회 사역을 감당할 때, 하나님께도 영광이 되고 이웃에게 덕이 되며 교회에 유익을 가져오게 된다.

둘째, 비전(vision)의 사람이어야 한다. 비전은 미래에 대한 계획, 통찰력, 관찰력 등으로 번역되기도 한다.[50] 비전이 있는 지도자가 가정교회를 능력 있게 이끌어간다. 하나님의 형상대로 지음 받은 인간으로, 혹 사명을 가진 자로서 아직 도래하지 않은 미래의 모습을 마음속에 그려보며 그 꿈을 실현하기 위해 노력하는 사람이 비전 있는 지도자이다.

비전 있는 지도자는 그룹원들에게 미래의 방향을 제시하며 함께 그 길을 걸어가도록 확실한 그림을 보여준다. 무조건 미래만 전망하는 것이 아니라 과거와 현재가 바탕이 되는 미래를 그룹원들에게 바라보게 하여 하나님 나라와 뜻을 성취하도록 강한 동기를 부여하는 지도자가 이상적인 가정교회 지도자이다.

셋째, 사랑의 사람이어야 한다. 가정교회 지도자는 성경을 많이 알고, 배운 것이 많고, 연륜이 있는 사람보다 그룹원들을 뜨겁게 사랑하며 섬길 수 있는 사람이어야 한다. 예수님은 베드로에게 "네가 나를 사랑하느냐" 물으시면서 "내 양을 치라"(요 21:15~23)고 하셨다. 바로 주님께서는 자신을 사랑하는 자에게 당신의 양을 맡기시는 것을 알 수가 있다. 하나님이 우리를 사랑하시고 예수님이 자기 몸을 내어주기까지 사랑하신 그 사랑에 감격한 사람이 가정교회의 지도자가 되어야 한다.

넷째, 삶의 본을 보이는 사람이어야 한다. 신뢰는 리더십의 기초이다. 지도자의 삶이 본이 되지 않고 신뢰를 잃으면 모든 것을 잃는 것이다. 그룹원들은 지도자의 말보다 그의 행위를 중요시한다. 사람은 듣는 것보다 보는 대로 살아간다. 그러므로 가정교회 지도자는 "무엇에든지 참되며 무엇에든지 경건하며 무엇에든지 옳으며 무엇에든지 정결하며 무엇에든지 사랑할 만한"(빌 4:8) 사람이 되어야 한다. 모든 말과 행실과 사랑과 믿음과 정절에 있어서도 믿는 자에게 본이 되어야 한다(딤전 4:12). 이러한 덕목과 자질을 갖춘 사람이 가정교회의 지도자가 되어야 그룹원들의 모델이 되고 소그룹이 생명력 있게 번식할 수 있다.

다섯째, 동역할 줄 아는 사람이어야 한다. 유능한 지도자는 공동의 목표를 향해 사람들과 협동한다. 지혜로운 지도자는 자기보다 더 유능한 사람을 쓸 줄 아는 사람이다. 하나님 나라의 일은 혼자 할 수 있는 것이 아니다. 더불어 일하는 공동체가 교회이다. 독불장군식으로 일하는 사람이 가정교회의 지도자가 되어서는 안 된다. 우리가 믿는 하나님은 삼위 하나님으로 관계적 존재이다. 우리 구원을 위하여 삼위 하나님이 함께 동역하시며 구원을 완성하셨다. 자신의 위치를 지키며, 그룹원들이 받은 은사대로 마음껏 사역할 수 있도록 일을 부여하며, 협력과 조화 속에서 함께 지어져 가는 공동체가 되게 하는 지도자야말로 훌륭한 가정교회 지도자인 것이다.

여섯째, 또 다른 지도자(leader)를 길러낼 줄 아는 사람이어야 한다. 새로운 리더를 길러내는 것은 현재 리더에게 달려있다. 가정교회 지도자의 마지막 가치는 계승으로 측정된다. 예수께서도 공생애 3년 간의 사역을 마친 후에 12제자에게 그 사역을 위임하시고 승천하셨다. 제자들에게 위탁된 사역이 오늘날 우리에게까지 계승되고 있다. 바울도 믿음의 아들 디모데에게, "또 네가 많은 증인 앞에서 내게 들은 바를 충성된 사람들에게 부탁하라 저희가 또 다른 사람들을 가르칠 수 있으리라."(딤후 2:2)라고 권면했다. 이처럼 재생산은 가정교회 지도자의 책임이다. 그러므로 가정교회 지도자는 자신의 뒤를 이을 후계자를 준비시키며 훈련시키고 있는가 자주 점검해 보아야 한다.

일곱째, 자신의 진보를 위해 노력하는 사람이어야 한다. "이 모든 일에 전심전력하여 너의 진보를 모든 사람에게 나타나게 하라"(딤전 4:15). 목회자 이상으로 교회가 성장할 수 없는 것처럼 가정교회 지도자 이상으로 가정교회는 부흥할 수 없는 것이다. 교인의 수준이 절대로 목회자의 수준 이상이 되지 못하는 것처럼 그룹원의 수준도 그룹 지도자의 수준 이상으로 성장할 수 없다. 그러므로 가정교회 지도자는 막중한 사명감을 가지고 자신의 진보와 성숙을 위해서 무단히 노력하지 않으면 안 된다.

VII. 리더십 계발을 위한 제언

급변하는 시대가 요구하는 것은 훌륭한 리더십이다. 우리는 지금 리더십 위기 시대에 살고 있다. 이 나라와 세계 도처에서 참다운 지도자를 찾는 외침이 들려오고 있다. 이러한 시대적 상황 속에서 성경적인 지도자의 리더십 계발을 위해서 교회가 할 수 있는 것은 무엇인가? 아울러 우리가 개발해야 할 가정교회 지도자의 리더십은 무엇인가?

변화에 대처하는 리더십

가정교회 지도자에게는 변화에 대한 개방적인 태도가 필요하다. 우리가 사는 세상은 엄청나게 빠르게 변화하고 있다. 변화와 정보의 흐름이 너무 빠르기 때문에 여기에 대처하지 않으면 방향감각을 잃을 뿐 아니라 지도자로서 그룹원들을 이해할 수 없고 바로 섬길 수도 없다. 하나님 나라에 대한 비전을 심어주고 가치관을 세워주기 위해서는 현명하게 '변화에 대처하는 리더십'을 개발해야 한다. 복음을 효과적으로 그리고 능력 있게 전달하기 위하여, 아울러 진리를 보존하고 사수하기 위하여 시대와 상황에 맞게 다양한 방법으로 변화에 대처하는 것이 지혜로운 일이다. 지도자가 전통과 기존 체제의 구조들만을 고집한다면 결코 소그룹을 건강하게 지탱해 나갈 수 없다.

사역을 분담할 줄 아는 리더십

루터는 종교개혁을 통하여 부패한 로마 가톨릭의 교권주의로부터 평신도를 해방시켜 원래 성경의 가르침인 만인 제사장직 위치를 회복하게 했다. 그럼에도 불구하고 오늘날 한국 교회 안에는 평신도가 목사처럼 사역하게 하는 만인 제사장 사역이 뿌리를 내리지 못하고 있다. 아직도 로마 가톨릭의 잔재인 교권주의, 형식주의, 의식주의, 계급주의가 교회와 교단 안에 팽배해 있다. 교회는 속히 평신도가 마음껏 사역할 수 있도록 사역의 장을 열어 주어야 한다. 평신도가 리더십을 발휘하도록 섬기고 도와야 한다.

'평신도에게 사역을 위임하면 목사가 할 일이 없어지고 권위가 땅에 떨어지며 평신도가 권한을 행사하여 교회에 문제를 더 일으키지 않느냐?' 라는 의문을 품을 수도 있다. 그러나 실제 사역을 해보면 반대의 현상을 볼 수 있다. 오히려 목사의 권위가 더 높아지고 목사가 효율적인 사역에 전념하게 된다. 그리고 목사와 같은 사역을 해보았기 때문에 목회자의 심정을 이해하고 목회자의 좋은 동역자가 된다. 또 목사로부터 계속 교육과 훈련을 받는 사역자들이므로 문제를 일으키기보다는 오히려 문제 있던 사람이 문제 없는 사람으로 변화되는 일들을 경험하게 된다.

존 맥스웰(John Maxwell)은 『리더십의 21가지 불변의 법칙』에서 "확신에 찬 리더만이 다른 이들에게 권한을 위임할 수 있다."[51]라는 말을 하고 있다. 그러므로 교회의 영적 지도자는 평신도 사역자를 발굴하고 훈련하여 그들에게 사역할 수 있는 좋은 환경인 가정교회를 위임하는 리더십을 변함 없이 발휘해야 한다. 그럴 때 건강한 가정교회가 탄생되며 충성스런 평신도지도자가 많이 배출될 것이다.

종의 리더십(servant leadership)

"인자의 온 것은 섬김을 받으려 함이 아니라 도리어 섬기려 하고 자기 목숨을 많은 사람의 대속물로 주려 함이니라"(막 10:45). 성경은 지도자를 섬기는 자라고 표현하고 있다. 폴 시다(Paul Cedar)는 그의 저서 『섬기는 지도자』에서 성경적인 지도자는 철저히 섬기는 지도자가 되어야 한다고 지적하면서 지도자의 이상적인 모델을 세 가지로 설명하였다.[52] 첫째, 큰 자가 되고자 하면 섬기는 자가 되어야 한다. 둘째, 으뜸이 되고자 하면 종이 되어야 한다. 셋째, 우리는 예수님의 모범을 따라야 한다.

예수님이 제자들의 발을 씻기신 일이 대표적인 모범이라 할 수 있겠다. 따라서 그리스도의 지도자는 예수께서 보여주신 종의 리더십을 가지고 섬김의 정신으로 그룹원을 섬기고 사랑해야 함이 마땅하다.[53]

목자 리더십(shepherd leadership)[54]

"나는 선한 목자라 선한 목자는 양들을 위하여 목숨을 버리거니와."(요 10:11), "나는 선한 목자라 내가 내 양을 알고 양도 나를 아는 것이"(요 10:15). 이 두 구절에서 예수님의 리더십이 나타나고 있다. 예수님은 목자로서 우리의 삶을 책임져 주신다. 예수님은 우리를 너무 잘 아시고, 돌보아 주시며, 우리를 위해 헌신과 희생을 아끼지 않으신다.

이것이 오늘날 가정교회 지도자들이 가져야 할 리더십이다. 양떼의 형편을 부지런히 살피며 소떼에 마음을 두고 그들의 형편과 상황을 정확히 알아 사랑하고 치료해 주며 돌보는 지도자가 예수님을 닮은 목자 리더십을 가진 지도자이다. 교회는 예수님께서 가지신 선한 목자 같은 지도자를 발굴하여 가정교회 지도자로 세워야 한다.

부모형 리더십

가정교회 지도자는 부모와 같은 심정을 가진 자가 합당하다. 자식을 낳아 돌보며 사랑하고 평생 관심을 갖고 지켜보는 부모 같은 지도자가 필요하다(살전 2:7~8, 11). 때로는 그룹원이 어그러진 길로 가거나 주의 말씀을 따르지 않는다면, 훈계하고 권면하여 그리스도의 장성한 분량이 충만한 데까지 이르도록 해야 함이 마땅하다. 때로는 어머니 같고 때로는 아버지 같은 심정으로 가정교회를 이끌어 가는 지도자가 훌륭한 지도자인 것이다. 시대와 상황에 따라 지도력의 방법은 변하지만 지도력의 의미와 내용은 본질적으로 변하지 않는다. 특히 교회에 부모 같은 가정교회 지도자가 많아질 때 교회는 건강하게 된다.

영적 훈련(경건훈련)을 통한 리더십

영적 훈련은 은혜의 통로다. 이 훈련은 하나님이 우리 속에서 일하실 수 있고 우리를 변화시킬 수 있는 그곳에 우리를 가져다 놓는다. 아울러 우리에게 영적 훈련이 필요한 이유는, 훈련되지 않고서는 부패하고 타락한 성품에서 나오는 그릇된 습관들을 이기기가 어렵기 때문이다. 그래서 바울은 "내가 내 몸을 쳐 복종하게 함은 내가 남에게 전파한 후에 자기가 도리어 버림이 될까 두려워 함이로라."(고전 9:27)라고 말하였다. 우리 자신의 삶의 영역 가운데 우리가 다스리지 못하는 습관이 있어 하나님의 성령이 그것을 이겨내기 원하시는 것을 알면서도 우리 스스로 아무런 행동을 취하지 않는 경우가 많다. 우리 힘으로는 할 수 없는 것이 사실이나 성령께서는 이미 우리에게 이길 수 있는 능력을 부여하셨기 때문에 생활 속에서 부단한 영적 훈련을 통하여 그러한 문제를 극복해 나갈 수 있는 것이다.

어떻게 적절한 조치들을 취해나감으로 영적 훈련을 쌓아 갈 수가 있겠는가? "경건에 이르기를 연습하라 …경건은 범사에 유익하니 금생과 내생에 약속이 있느니라"(딤전 4:8).

영적 훈련을 통한 리더십 계발이 지도자에게 있어서 무엇보다 중요하다. 왜냐하면 나쁜 습관이나 악한 관습들을 벗어버리지 못하면 가정교회 지도자로서 그룹원들에게 아무런 인격적 감동이나 변화를 줄 수 없기 때문이다.

4장 가정교회 운영과 실제

New Paradigm of the Church

가정교회 소그룹의 생명은 평신도지도자에게 있기 때문에 목회자가 소그룹 지도자(평신도 사역자)를 훈련시키지 않으면 그 소그룹은 생명력을 상실할 수밖에 없다.

I. 가정교회의 조직과 임무

가정교회의 형편과 상황에 따라 스스로 필요에 의해 조직한다. 가정교회의 모든 사역은 평신도지도자에게 위임하여 모든 일을 알아서 자원에 의해 이루어지도록 한다(교회 이름, 모이는 시간, 순서 진행, 후계자 선택과 양성, 특별행사 기획 등).

• 가장: 가정교회 모임을 주관하며 가원들을 돌보고 섬긴다. 가정

교회 제반 일을 책임진다.
- 예비가장: 가장의 후계자로 지목을 받고 훈련중인 가원.
- 총무: 가장을 보좌하며 가원들을 기도와 봉사로 섬긴다.
- 회계: 헌금과 일체 예산을 관리한다.
- 새가족담당: 새가족이나 방문객을 환영하고 교제한다.
- 봉사담당: 어려운 이웃이나 환자 방문, 교회의 봉사 기회 정보를 제공한다.
- 찬양담당: 모임 시 찬양인도를 하며 찬양에 관한 모든 것을 담당한다.
- 전도담당: 전도이벤트를 관장하며 전도대상자를 관리한다.
- 선교담당: 선교헌금송금, 선교사 편지, 선교사 정보관리 등을 담당한다.
- 성경담당: 성경 읽기 체크, 성경통독 등을 주관한다.
- 생일담당: 가원이나 자녀들의 생일 기록, 관리 및 축하를 담당한다.
- 친교담당: 야유회, 스포츠, 음악회, 연극·영화관람 등을 주관한다.
- 중보기도담당: 기도카드 관리, 기도목록 작성 및 배부, 긴급기도 연락

II. 가정교회 모임 순서

진행 순서나 내용을 성령의 인도하심 따라 자유롭게 할 수 있다.
첫째, 모이면 먼저 식사부터 하는 것을 원칙으로 한다(설거지는 나

중에). 형편에 따라 간식으로 대체하는 가정교회도 있다.

둘째, 찬양은 2~3곡 정도 한다.

셋째, 한 주간 동안 일어났던 일 중에 기뻤던 일, 감사했던 일, 힘들었던 일, 기도 응답 받은 일, 말씀 듣고 깨달은 것, 말씀 적용했을 때 생긴 일 등을 자원하여 나눈다.

넷째, 교재에 따라 성경공부를 한다.

다섯째, 선교, 전도 보고

여섯째, 선교를 위한 헌금을 한다.

일곱째, 광고

여덟째, 성경 읽기 확인

아홉째, 가장이 파송기도를 한다.

가정교회는 형식보다는
공동체의 화합을 우선한다.

보통 위와 같은 순서로 진행되지만 때에 따라서는 바꿀 수도 있다. 가령 새가족이 왔을 때는 환영 및 나눔 시간으로 주로 활용하고 성경공부는 더욱 짧게 진행한다. 경우에 따라서는 순서를 생략할 수도 있다. 새가족을 왕처럼 모시는 것이 가정교회의 특징이기 때문이다. 여기에 소요되는 시간은 가원들의 숫자나 나눔의 내용에 따라 다르겠지만 보통 2시간에서 3시간 정도 걸린다.

첫 시간에 소그룹 가정교회에서 제일 먼저 나눌 수 있는 내용들은 120~121쪽의 Ice Break 자료를 참조하라.[55]

가정교회 지도자 훈련과 교육

■ 자격
- 제자훈련과 지도자반 과정을 마친 자
- 가정교회 사역에 헌신할 각오가 되어 있는 자
- 매사 모든 일에 성실한 자
- 사람과의 관계가 원만한 자

■ 훈련과 교육
- 정기모임을 매 주일 오후 2시 30분부터 5시까지 갖는다.
- 비정기적으로 특강, 세미나, 수련회를 개최하여 지도자의 자질 향상을 돕는다.
- 서로의 가정교회 현장(모임)을 참관하게 하여 보완, 발전, 성장하게 한다.

◐ 가장, 총무 소그룹 모임

○ 가장 총무 전체모임.

Ice Break 자료

1. 당신이 걸어 온 삶을 돌아볼 때 아주 기뻤던 일 한 가지를 소개한다면?
2. 내가 했던 일 중 가장 겁이 났던 일은?
3. 사람들은 나의 (   )을 알면 놀랄 것이다.
4. 거짓말했던 것 중에 가장 큰 것은?
5. 어린 시절 중에 가장 그리운 것은?
6. 만일 'TV는 사랑을 싣고'의 주인공이 된다면 누구를 찾겠는가?
7. 첫 번째 얻은 직장은? 가장 기억나는 일은?
8. 어렸을 때 커서 무엇이 되고 싶었는가? 왜?
9. 나의 이름(혹은 별명)이 갖고 있는 의미는?
10. 그냥 재미로 하는 이야기인데 나는 죽기 전에 (   )을 하고 싶다.
11. 혹시 똑같은 꿈을 5번 이상 꾼 적이 있는가? 무슨 꿈?
12. 결혼하기 전에 다른 사람들로부터 들은 말이 있다면?
    나중에 결혼하면 너는 (   )할 거야.
13. 삶이 힘들 때 가고 싶은 곳이나 만나고 싶은 사람이 있는가?
    어디? 누구?
14. 내가 들은, 나에 대한 말 중 가장 좋은 말은?
15. 내가 맛을 내고 있다면 무슨 맛이겠는가?
    (예: 짠맛, 신맛, 쓴맛, 딸기 맛, 한약 맛 등)
16. 돈과 관계없이 전 세계 어느 곳이든 여행할 수 있다면?
17. 방송국에서 1분 동안 이야기할 기회를 준다면 무슨 말을?
18. 내 소지품 중 나에 대해 가장 잘 말해주고 있는 것은? 그 이유는?
19. 최근 일주일 동안 가장 어려웠던 일은? 가장 기뻤던 일은?
20. 기적을 한가지만 일으킬 수 있다면 무슨 기적을? 왜?

21. 나의 절정 경험(가장 기뻤던 순간들).
22. 최근에 내린 어떤 결정이나 결심을 소개한다면?
23. 당신이 처음으로 어떤 경쟁에서 승자가 되었을 때가 언제입니까? 그 때 기분은 어떠했습니까?
24. TV나 만화에 나오는 캐릭터 가운데 자신을 닮았다고 생각되는 것은 무엇입니까? 왜 그렇게 생각하십니까?
25. 당신이 동참했던 가장 거칠고 짓궂은 장난은 무엇이었습니까?
26. 당신이 이제까지 받아본 최고의 충고는 무엇입니까?
27. 당신이 만나본 사람 가운데 가장 유명한 사람은 누구였습니까? 어떻게 그 사람을 만날 수 있었습니까?
28. 당신이 성취한 것 가운데 가장 큰 일은 무엇입니까?
29. 당신이 가장 좋아하는 음식과 싫어하는 음식은 무엇입니까?
30. 이번 주간에 최고로 좋았던 일은 무엇입니까?
31. 당신이 가장 아끼는 소유물은 무엇입니까? 왜?
32. 당신이 처음 미팅이나 맞선에 나갔던 때를 이야기해 보십시오.
33. 당신이 사는 동네에 마음에 드는 것은 무엇입니까?
34. 이 그룹으로부터 받은 한 가지 축복이 있다면 무엇입니까?
35. 당신은 사람들이 일반적으로 당신을 보는 것과 어떻게 다릅니까?
36. 당신의 부모님에 대해 당신이 좋아하는 것 두 가지를 말해 보십시오.

- 지도자 자신의 지속적인 경건생활을 위한 프로그램을 갖는다.
- 서로 나눔과 토론을 통하여 사역을 배우고, 고민을 해결하게 한다.
- 인간관계훈련을 한다.

가정교회 지도자들의 교육 내용

제자훈련이나 가정교회를 실시하는 많은 교회 목회자들이 평신도지도자 교육을 힘들어하며 두려워하고 있다. 하지만 평신도지도자 교육만큼 보람 있는 사역도 없을 것이다. 나 역시 부담스럽고 두려웠지만 담대하게 평신도지도자 교육을 실시했다. 나는 평신도지도자들에게 목회의 에너지를 70퍼센트 이상을 쏟는다 해도 과언이 아니다. 그들을 섬기고, 가르치고, 상담하는 일에 많은 시간을 할애하고 있다. 그 결과 놀라운 변화와 은혜를 체험할 수 있었다.

지난 3년 동안(98년 9월 이후) 화평교회는 평신도지도자들에게,
- 은혜로운 찬양시간과 기도회, 성경론
- 지도자론, 멘토링, 소그룹 인도법
- 현장 참관을 통한 교육
- 소그룹에서의 사역 나눔, 토론
- 인간관계훈련: 고정관념 깨기, 가치관 경매, 칭찬과 권면하기, 내가 보는 나, MBTI 성격유형, 적응력을 개발하라, 나는 얼마나 행복한 사람인가, 나의 기뻤던 순간들, 관계 형성과 마음 열기, 자기 개방! 자기 소개!, 가치관 명료화하기, 기질과 가정생활과 성령 충만, 관계를 위한 '나 전달법'
- 특강: 가정교회란 무엇인가?, 소그룹지도자의 지속적인 리더십, 화

평비전 나누기, 가정교회가 발전하고 정착되려면, 셀(cell)의 일생, 가정교회, 화평가족 알기, 자연적 교회성장, 셀에서의 말씀공부, 경청하기, 목사에게 기둥이 됨, 지도자 느헤미야, 구도자초청모임, 가정교회 성숙을 위하여, 효과적인 전도전략, 이상적인 소그룹모델, 효과적인 가정교회사역, 귀납법적 성경연구의 이론과 실제, 인간관계론, 존 맥스웰의 지도자론, 스티븐 코비의 리더십

－수련회, 세미나: 가정교회 비전세미나, 가장의 사명과 역할, 비전세미나, 사람을 키우라, 가정교회의 사명과 전략, 섬기는 지도자 등

의 과정을 실시했다.

한편 소그룹 모임에서는
－제일 어린 사람
－제일 멀리 사는 사람
－대가족을 가지고 있는 사람
－키가 제일 큰 사람
－키가 제일 작은 사람
－그 날 모임에 제일 늦게 참여한 사람
－그 날 모임에 제일 일찍 참여한 사람
－지난 일주일간 부부싸움을 한 번도 안 한 사람
－전도대상자가 제일 적은 사람 등

다양한 방법으로 인도자를 선정해 모임에 참여하는 사람이면 누구나 인도자로 모임을 섬길 수 있고 그룹을 인도하는 훈련을 자연스럽게 하게 했다.

가정교회 소그룹의 생명은 평신도지도자에게 있기 때문에 목회자가 소그룹 지도자(평신도 사역자)를 훈련시키지 않으면 그 소그룹은 생명력을 상실할 수밖에 없다. 그래서 화평교회는 가정교회 시작과 더불어 주일 오후 예배 시간에 평신도지도자를 훈련하고 주일 오후예배와 수요집회를 통합하여 수요 찬양집회로 모이고 있다. 최선에 집중하기 위해서 차선을 포기하고, 축소한 것이다.

가정교회 지도자 모임 시 이루어지는 실제적 교육내용 중 일부를 소개한다.

1. 느헤미야의 리더십

　① 1:1~4 / 비전 있는 지도자

　② 1:4~11, 2:4, 4:4~5, 4:9, 5:19, 6:9, 6:14 / 기도하는 지도자

　③ 3장, 7장 / 사역을 분담할 줄 아는 지도자

　④ 4장, 5장 / 위기를 지혜롭게 극복해 나가는 지도자

　⑤ 2:20, 4:20 / 하나님을 의지하면서 사역하는 지도자

　⑥ 5:14~18 / 본을 보이면서 사역하는 지도자

　⑦ 7:1~69, 7:70~73, 8장 / 성벽 재건 후 느헤미야가 지도자로서 한 일 (조직과 사역 위임, 헌물과 말씀을 통한 부흥운동)

2. 존 맥스웰의 리더십

　1) 왜 사람을 지도자로 키워야 하는가?

　　① 혼자 할 수 없기 때문이다.

　　② 사람이 가장 중요한 자산이기 때문이다.

"당신이 내 공장을 가져가고 건물을 불태운다 해도 직원만 돌려준다면 나는 회사를 곧 다시 일으킬 수 있다."(Henry Ford)
③ 주위에 있는 사람이 사람의 성패를 결정하기 때문이다.
　성공적인 지도자가 되기를 원한다면 당신 주변에 있는 지도자를 개발하고 육성하여 당신이 가진 비전, 즉 큰 그림을 보여주며 그 비전을 실천하며 동참할 수 있도록 하라.
④ 차세대의 지도자를 계속 길러내야 하기 때문이다.
"후계자 없는 성공은 성공이 아니다."
"한 지도자에 대한 최종 평가는 그가 남긴 지도자들이 그 일을 믿음과 의지를 가지고 계속하느냐에 달려 있다."(Walter Lippman)

2) 지도력은 어디서 오는가?
　① 리더십이 그 사람을 좌우한다.
　② 리더십의 참된 측정은 영향력에서 온다.
　③ 리더십은 매일 발전하는 것이지 하루아침에 되는 것이 아니다.
　④ 참 리더가 말할 때 사람들은 듣는다.
　⑤ 신뢰는 리더십의 기초이다.
　⑥ 리더는 다른 것을 요구하기 전에 사람의 마음을 감동시킨다.
　⑦ 리더의 잠재력은 그와 가까이 있는 사람에 의해 결정된다.
　⑧ 확신에 찬 리더만이 다른 이들에게 권한을 위임할 수 있다.
　⑨ 리더를 길러내는 것은 리더에게 달려있다.
　⑩ 사람들은 리더를 먼저 받아들인 후 그 후에 리더의 비전을 수용한다.
　⑪ 리더의 마지막 가치는 계승으로 측정된다.

3. 스티븐 코비의 리더십

　1) 원칙 중심 리더들의 특성

　　① 끊임없이 배운다

　　② 서비스 지향적이다.

　　③ 긍정적 에너지를 발산한다.

　　④ 다른 사람을 믿는다.

　　⑤ 균형잡힌 삶을 산다.

　　⑥ 인생을 모험으로 여긴다.

　　⑦ 시너지를 활용한다.

　　⑧ 자기 쇄신을 위해 노력한다.

　2) 지도력의 3가지 유형

　　① 강압적 지도력(coercive power)

　　② 실리적 지도력(untility power)

　　③ 원칙 중심의 지도력(principle-contered power)

가정교회에서 다루는 성경공부

　약 2년 간은 창세기에서부터 출애굽기 3장까지 귀납적 형식으로 성경공부를 했다. 그리고 요즘에는 설교한 내용을 가지고 공부하도록 하고 있는데, 여기에는 각각 장·단점이 있다. 새로 형성된 가정교회의 경우 설교 내용을 가지고 공부하는 것이 좋다는 반응을 보였지만, 기존 가정교회 식구들은 성경을 차례대로 공부하는 편이 낫다는 반응을 보였다.

화평교회는 이 같은 가원(성도)들의 요구에 맞춰 두 가지 유형의 가정교회 성경공부 교재를 만들어 사용하고 있다.[56] 교재는 교회의 상황이나 가원들의 영적 상태에 따라 합당하게 선택하면 전혀 무리가 없다. 단 한 가지 유의해야 할 것은 가정교회에서 새신자를 위해 성경공부를 짧게 한다고 해서 말씀을 약화시켜서는 안 된다는 점이다. 말씀이 없는 가정교회는 생명력이 없을 뿐 아니라 존재 가치가 없다는 점을 잊어서는 안 된다(128~129쪽 교재의 예를 참조).

가정교회에서의 전도

가정교회의 특성 중 자랑할 만한 것은 소그룹을 통한 역동성 있는 전도이다. 소그룹은 복음 전파를 위해 가장 힘있게 쓰임 받을 수 있는 최고의 조건을 가지고 있다. 화평교회의 각 가정교회에서는 가정교회의 정황에 따라 다양한 전도를 실시하고 있다. 주로 '관계전도'에 역점을 두고 있는데 대면식 전도방법(confrontational evangelism)보다는 삶의 양식(life-style evangelism)으로서의 전도방법을 택하는 것이다.[57]

매주 정기모임 시간에 자연스럽게 식사초대를 하여 교제를 나눔으로 관계전도를 돕는다. 각 가정교회 별로는 전도이벤트 행사를 연 1, 2회 실시하며, 교회에서 실시하는 신앙강좌나 참사랑축제 때 아직 안 믿는 남편이나 가족, 또는 이웃(전도 대상자)을 초청한다. 또한 교회에서 활동중인 전도폭발팀에 의뢰하여 복음제시와 구원초청을 하는 등 다양한 방법을 동원해 역동적인 전도활동을 벌이고 있다. 가정교회에서 실시하는 전도이벤트는 대개 식탁교제, 특송/ 비디오 상

 예1) 귀납적 성경공부

44과 하나님이 요셉과 함께하심(창 39:1~6)

요셉은 애굽으로 팔려와서 바로의 시위대장 보디발의 집에 종으로 다시 팔렸습니다. 그러나 하나님께서 요셉과 함께하심으로 그 가정의 총무가 되었고 형통한 자가 되었습니다. 그 후에 요셉은 보디발 아내의 모함으로 누명을 쓰고 감옥에 갇혔으나 하나님께서 함께하심으로 옥중에서 죄수를 관리하는 직책을 맡게 되었습니다.

1. 요셉이 형통한 자가 될 수 있었던 근본 이유는 무엇이었습니까? (2, 3, 21, 23절 참고. 시 127:1)

2. 당신은 어떤 사람을 형통한 자(성공한 자)로 보십니까? 그리고 하나님이 함께하신다는 것을 무엇으로 입증할 수 있겠습니까? 각자 느끼는 점을 이야기 해 보십시오.

3. 하나님이 함께하셨던 사람들에게 일어난 일은 무엇이었습니까?(창 26:26~28; 삼상 3:19~20; 18:12, 14)

4. 창세기 39장에서 하나님이 요셉과 함께하실 때 일어난 일들을 두 가지 측면에서 이야기해 보십시오.
   • 긍정적인 면:
   • 부정적인 면:

5. 하나님이 우리와 늘 함께하시는데 특히 어느 때 하나님이 함께하심을 느낄 수 있습니까?(사 41:10, 23:4; 마 5:8, 28:20)

 예2) 지난 주 설교말씀 나눔

돌려 인도하시는 하나님(출 13:17~24)

1. 당신은 하나님이 하시는 일 중에 이해할 수 없는 부분이 무엇입니까? 왜 하나님께서 그렇게 하신다고 생각되어집니까?(예: 악인들이 형통하게 되는 것, 기도해도 쉽게 응답이 안 되는 것)

2. 하나님께서 이스라엘을 최단거리의 길로 인도하시지 않고 홍해의 광야길로 인도하신 이유가 무엇이라고 했습니까?
① 출 13:17~18절(참고. 시 103:14)

② 출 14:31 하나님의 능력과 영광을 위하여

3. 지금까지 살아오면서 하나님께서 나를 돌려 인도하신 일이라고 생각되어지는 것이 무엇입니까?(창 45:5, 롬 8:28)

4. 하나님께서 이스라엘에게 임재의 표징으로 구름기둥, 불기둥으로 그들을 앞서 가시는 것을 보면서 당신은 무엇을 느끼십니까?(21~22절) (참고. 출 14:19, 24)

5. 오늘날 당신의 구름기둥, 불기둥은 무엇입니까? 즉 하나님께서 그의 백성을 격려하고 인도하시기 위해 사용하시는 방법은 무엇입니까?

〈표2〉 가정교회별 선교지 현황(2001년 1월 현재)

가정교회명	선교지	가정교회명	선교지	가정교회명	선교지
열린	베트남	청지기	브라질	부흥	싱가포르
그리심	일본	참	주사랑	믿음	싱가포르
한마음	학원선교	한가정	탈북동포	사랑	태국
은혜	군선교	예닮	학원선교	전진	인도
하은	서호교회	징검다리	방글라데시	교역자	열린교회
감사	서호교회	다드림	싱가포르	비전	말레이시아
참사랑	러시아	새롬	북방선교	샘	싱가포르
늘푸른	요르단	언약	싱가포르	제자	싱가포르
은총	터어키	진리	동산교회	열매맺는	말레이시아
섬김	아시아C국	새천년	싱가포르	복음	북한
나눔	싱가포르	승리	큰무리교회	늘찬양	태국
초대	군부대	뵈뵈	싱가포르	일산	브라질

영/ 찬양/ 기도/ 간증/ 복음제시, 교제 및 선물 증정 등의 순서로 진행한다.

선교 협력과 교류

화평교회 모든 가정교회들은 각 가정교회별로 선교지를 정하여 기도와 물질과 교제로 후원, 협력하고 있다. 각 가정교회들은 선교사나 농어촌 목회자를 초청하여 선교소식을 듣거나, 직접 선교지를 방문해 선교지나 농촌교회의 필요를 살피고, 자신들이 후원하고 협력할 것이 무엇인지를 파악한다. 그리고 필요한 물질을 정기적 혹은 비정기적으로 공급한다.

선교지는 담임목사가 추천하거나 각 가정교회별로 기도하며 숙고하여 결정한다. 협력하고 있는 선교사가 귀국할 경우, 가정교회 모임에 초청해 교제를 나누고 선교지 소식을 들으며 기도할 정보를 얻는다.

나눔과 섬김

가정교회에서 가장과 총무는 가원들을 돌보고 섬기며 가원들은 가장 부부를, 혹은 가원 상호간에 서로 섬기며 돌아본다. 필요시엔 자녀들을 돌봐주고 김치와 음식을 날라다 준다. 아플 때 병원에 동행하고 긴급할 때는 비상연락망이 가동되어 기도를 요청한다. 어려울 때는 물질과 기도로 짐을 나누어 진다(갈 6:2). 가정교회에 정착된 성도라면 매주 식사를 대접하거나 대접받는 것이 더 이상 부담이 아니다.

New Paradigm of the Church

5장
제자훈련을 통한 가정교회 사역의 목회적 효율성

하나님은 우리 모두에게 각각의 은사를 주셨다.
하나님으로부터 받은 은사를 발굴하고 신앙공동체인 교회와 사회를 위해
각각의 은사를 발휘하는 일은 목회자와 성도 개개인이 함께 풀어야 할 과제다.

셀목회의 생명은 지도자에게 달려 있는데 그 지도자는 훈련된 지도자를 말한다. 오늘날 국내·외 목회자들은 소그룹에 대한 대단한 관심과 열망을 가지고 있으며, 그 사역을 시행하고자 하는 열의 또한 크다. 그러나 소그룹목회 이전에 사람을 세우는 제자훈련 사역이 먼저 이루어져야 한다. 소그룹의 건강 여부가 소그룹의 지도자에게 달려 있기 때문이다. 그러므로 교회의 영적 지도자는 소그룹의 지도자를 발굴하여 훈련하는 일을 게을리 하지 말아야 한다.

화평교회가 짧은 기간 준비하여 가정교회 사역을 시작한 지 3년이 조금 지났지만, 교회가 가능성 있는 일꾼을 선택하여 쉬지 않고 제자훈련을 실시함으로써 훈련된 평신도 사역자들을 계속하여 배출해 내고 있기 때문에 소그룹이 활성화되는 데 무리가 없었고 많은 열매를 맺을 수 있었다.

평신도 사역자들로 인하여 돌봄의 문제 해결

양떼(성도)를 돌보는 일은 목자(목회자)의 가장 중요한 소임 중의 하나다. 거의 대부분의 목회자들은 이 돌봄의 문제를 해결하기 위해 많은 시간과 열정을 쏟는다. 목회의 대부분을 돌봄에 투자하는 목회자도 적지 않다.

가정교회 사역을 하기 이전에는 나 역시 예외가 아니었다. 나 자신은 물론 교역자들을 동원하여 구역별 혹은 교구별로 전화 혹은 심방하는 등 성도들을 돌보는 일에 힘써 왔으나 역부족임을 많이 느꼈다. 시간 소비도 적지 않았다.

춘계·추계 심방을 하고 나면 일 년이 다 지나가는 것 같았다. 뿐만 아니라 돌보는 방법들도 효율적이지 못했다. 집중적으로 양육하고 돌보아야 할 사람이 제외되기도 하고, 건강하고 아무런 문제가 없는 사람과 그렇지 못한 사람을 동등하게 섬기는 정도밖에 하지 못했다. 돌봄과 섬김이 비효율적으로 실행되어 교역자는 많은 시간과 정력을 허비할 수밖에 없었다. 그러나 가정교회 실시 이후 교역자 몇 명이 벅차게 감당하던 돌봄의 사역을 평신도 사역자들이 위임받아, 수십 명의 사역자들이 성도들을 돌보고 양육할 수 있게 되니 지정 교역자들이 감당해야 할 교육과 훈련을 통해 지도자 양성을 전보다 더 확실하고 효과적으로 진행할 수 있었다.

평신도지도자 자신의 변화와 성숙

나는 제자훈련과 가정교회 사역을 하면서 평신도 역량에 대해 재발견하는 새로운 경험을 하게 되었다. 제자훈련과 가정교회 사역을 하기 이전에는 평신도들에게도 목회자처럼 다른 지체들에 대한 사랑과 열정이 있는 줄을 몰랐다. 그러나 가정교회 사역을 하면서 평신도 사역자들에게도 목사와 같은 마음이나 그 이상의 헌신이 있다는 것을 발견했다.

평신도 사역자들이 가원들을 위해서 날마다 기도하고 섬길 때, 그 섬김의 대상이 변화될 뿐 아니라, 평신도 사역자 자신 또한 변화되는 것을 경험할 수 있었다. 가정교회 구성원들끼리의 관계도 친밀하여 가족 이상의 정이 느껴졌다. 설문 결과에 의하면 화평교회 사역자들의 95퍼센트가 하나님(혹은 가원들)을 위해서라면 자신을 희생할 각오를 하고 있는 것으로 나타났다(부록 참조).

전체 성도의 사역화[58]

그레그 옥덴은 그가 쓴 『교회개혁 이야기』에서 "교회에서 10~20퍼센트의 사람들만이 사역에 참여하고 80~90퍼센트는 구경꾼이다."라고 지적하고 있다. 오늘날 한국 교회를 보아도 만인제사장직이 현실화되고 있지 않다. 대부분의 교회들은 소수만이 사역에 참여하고 있는 실정이다.

오늘날 대부분의 교회 성도들은 '성도의 참 기쁨'을 누리지 못하며 신앙생활을 하고 있다. 그저 주일이면 교회에 나가 예배를 드리고 말씀을 듣는 것으로 성도의 본분을 다한 것으로 생각하며 무미건조한 신앙생활을 하고 있다. 성도간의 교제가 어느 정도 이뤄지고 있는 비교적 규모가 작은 교회는 그래도 사정이 나은 편이다. 하지만 대형교회의 경우 성도간의 교제조차 제대로 이뤄지지 않고 있어 하나님의 은혜를 함께 나누고, 각자 받은 은사대로 사역을 감당하는 경우를 찾아보기 힘들다. 그레그 옥덴의 지적처럼 소수에 의해 교회가 운영되고 있고, 나머지는 구경꾼으로 전락한 지 이미 오래다.

그러나 화평교회는 가정교회를 통하여 전체 성도의 80~90퍼센트 이상이 각 가정교회 내에서 받은 은사대로 책임을 맡아 사역에 참여하고 있다.

가정교회 안에서 모든 가원들은 각자 은사에 맞는 역할을 감당하고 있다. 가장을 포함해 모든 가원들은 예비가장, 총무, 회계, 새가족담당, 봉사담당, 찬양담당, 전도담당, 선교담당, 성경담당, 생일담당, 친교담당, 중보기도담당 등 적어도 한 가지 이상의 역할을 감당한다. 이를 통해 가원들은 강한 친밀감을 형성하게 되고, 강한 소속감을 가질 수 있어 모든 사역에 능동적으로 참여하게 된다. 가정교회와 큰 공동체인 화평교회에서 벌어지는 모든 사역이 남의 일이 아닌 바로 자신의 일이라는 생각들을 갖게되는 것이다.

소수만이 사역에 참여하면서 다수가 구경꾼으로 전락하는 오늘의 교회 현실에서 화평교회는 가정교회를 통해 거의 모든 성도를 사역의 주역으로 참여시킴으로써 생명력 넘치는 교회로 거듭날 수 있었다.

관계 속에서의 친밀감

가정교회는 구성원들 사이의 분위기가 참 좋은 모임이다. 이것이 바로 초대 교회의 모습이다. 이 땅에 심겨진 가시적인 하나님 나라의 모습과도 같다. 서로 사랑하고 도우며 섬기는 관계 속에서 신앙이 성숙해 간다. 그 결과 교회 안에 소외계층이 사라졌다.

릭 워렌이 쓴 『새들백교회 이야기』에 이런 내용이 나온다.[59] "교인을 대상으로 이 교회를 택한 이유를 물으니 93퍼센트가 목사 때문이라는 것이다. 다시 이들을 대상으로, '목사가 교회를 떠나면 이 교회를 떠나서 다른 교회로 옮기겠느냐'고 물으니 93퍼센트가 교회를 떠나지 않겠다고 응답했다. 그 이유는 교회에 친구, 혹 관계하고 있는 교우들이 있기 때문이라는 것이다."

이 이야기는 인간 관계에서 친밀감이 중요하다는 것을 보여주는 단적인 증거다. 인간은 사회적 동물이다. 관계 속에서 자신의 존재를 확인하고 삶의 의미를 찾는다. 우리가 교회를 공동체라고 표현하는 이유도 거기에 있다. 신앙공동체인 교회 안에서 성도간의 교제가 사라졌다면 이미 그 교회는 생명력을 잃은 교회라고 해도 과언이 아닐 것이다.

화평교회는 가정교회를 통해 하나님 나라 백성으로서의 친밀감을 회복했고, 이는 전체 성도들이 하나되는 계기를 만들어 주었다. 화평교회 교인들은 먼 곳에 이사가도 쉽게 교회를 옮기지 않는다. 그 이유는 목사의 설교보다 가정교회를 통하여 형성된 '관계'가 너무 좋기 때문인 것이다. '내가 교회에 있든지 말든지' 식의, 소속감을 상실한 성도들은 시험에 들어 교회를 떠나게 된다. 그런 점에서 화평교회가 가정교회라는 '울타리' 안에서 가원들 간의 '관계' 형성을 통해 친밀감을 회복할 수 있었던 것은 너무나 감사하고 다행스런 일이라 생각한다.

유무상통

화평교회에서는 초대 교회의 나눔이 가정교회를 통해 나타난다. 초대 교회에는 네 것 내 것이 없는 유무상통의 역사가 활발했는데 가정교회 사역을 하면서 기존 구역 모임에서 볼 수 없었던 유무상통의 역사가 강하게 일어났다. 물질적으로 주고받는 일, 힘들고 어려움 당했을 때 기도와 마음으로 쏟아 붓는 구성원들 간의 사랑과 희생을 발견할 수 있었다. 수십만 원에서 수백만 원도 가원을 위해서라면 아까워하지 않는 모습들이 많이 나타났다. 물질뿐만 아니라 사랑으로 가원들의 문제를 해결해 주려는 아름다운 모습과 기도로 하나님께 해결을 구하는 중보기도의 역사도 함께 일어났다. 가원의 문제가 곧 나의 문제라는 생각이 전체 성도들의 마음을 지배하게 되면서 나눔의 역사가 일어나게 된 것이다.

가령 가정교회 식구 중 어느 가정의 식구가 실직을 당했거나 경제적으로 너무 어렵다면 생활비를 대준다든지, 누가 몸이 아파 병원에 입원한 경우에는 병원비를 대신 지불하는 일이 흔하게 일어났다. 여느 교회에서는 쉽게 찾아볼 수 없는 모습이 화평교회에서는 이제 아주 흔한 일이 되어버렸다. 그렇게 될 수 있었던 것은 말씀 안에서 잦은 만남과 깊은 나눔을 통해 실제적 공동체의 삶을 공유했기 때문이다.

개개인의 은사 발굴로 역할분담 활발

하나님은 우리 모두에게 각각의 은사를 주셨다. 하나님으로부터 받은 은사를 발굴하고 신앙공동체인 교회와 사회를 위해 각각의 은사를 발휘하는 일은 목회자와 성도 개개인이 함께 풀어야 할 과제다.

사실 나는 가정교회 실시 전에는 누가 무슨 은사가 있는지, 무슨 재주가 있고 무엇을 잘하며 좋아하는지 잘 몰랐다. 교인 수는 수백 명으로 늘었는데 개척 때나 크게 다를 바 없이 봉사하고 사역하는 사람 수는 늘 일정하고, 하는 사람만 한다는 인상을 지울 수 없었다. 그러나 가정교회를 실시하고 보니 누구나 다 자기가 하고 싶은 사역, 잘할 수 있는 일을 가정교회 안에서 하게 됐고, 그것을 계기로 큰 공동체인 화평교회에서도 자원하여 봉사할 수 있는 시스템을 만들 수 있었다.

대부분 5~12명이 모이는 가정교회에서 가장, 예비가장, 총무, 찬양담당, 봉사담당, 새가족담당, 선교담당, 전도담당, 성경읽기담당, 도서담당, 중보기도담당, 친교와 회계담당 등이 있으니 자기 역할이 분명해지고 받은 은사대로 누구나 사역을 감당할 수 있었다. 이는 '전체 성도의 사역화'와도 맥을 같이하는 것으로 개개인의 은사를 발굴하는 일이 곧 개인은 물론 전체 공동체의 사역의 장을 넓히는 밑거름으로 작용하게 되었다. 그 결과 거의 모든 성도들이 자신의 은사대로 사역을 감당함으로써 사역으로부터의 소외감에서 벗어나 주도적으로 사역에 참여할 수 있었다.

전도와 선교에 효과적인 가정교회

　가정교회는 평상시 관계를 맺고 있는 사람을 모임에 초청하거나 기회가 되면 큰 공동체인 교회로 인도한다. 또한 가정교회별로 전도이벤트를 실시해 가원들의 가족이나 이웃을 초청한다. 가정교회에서 실시하는 전도이벤트는 불신자들이 자연스럽게 말씀을 접할 수 있는 기회를 제공해 별다른 거부감 없이 교회에 나오게 하는 전초기지 역할을 감당함으로써 전도에 매우 효과적이다. 전도에 효과적이란 점은 가정교회가 갖는 장점 중의 하나다. 가정교회 실시 이후에는 교회 정문을 통해서 등록하는 사람보다 가정교회를 통해 등록하는 사람이 많다는 사실이 이를 반증하고 있다.
　선교에 있어서도 각 가정교회별로 선교지를 연결해서 선교하기 때문에 가원들이 선교에 더욱 관심을 갖고 적극적으로 참여하는 것을 볼 수 있다. 선교사가 귀국할 시 가정교회로 초대하여 식사도 하고 선교보고도 들음으로써 나눔과 교제의 시간을 갖고 선교사들에게 숙식을 제공하기도 한다. 이러한 가정교회야말로 복음 전파를 위한 최고의 조건을 갖추고 있으며 가장 강력하게 쓰임 받을 수 있는 도구인 것이다.
　가정교회에서 가장 중요하게 생각하는 것 중의 하나가 바로 주변 사람들과 '관계'를 맺는 일이다. 평소에 관계를 잘 맺어놓음으로써 큰 공동체인 화평교회에서 실시하는 참사랑축제나 가정교회별로 준비하는 전도이벤트에 그들을 초청할 수 있는 것이다. 초청자(전도 대상자)들은 이미 가원들과 충분한 관계를 맺어왔기 때문에 별다른 거부감 없이 말씀을 접할 수 있고, 좋은 관계 유지는 교회에 대한 긍정적인 이미지도 심어주어 전도 대상자들이 말씀을 받아들이고 교회에 나오는 데 중요한 역할을 한다.

또한 평범한 신앙생활을 하는 성도들이라면 선교에 대한 막연한 두려움과 어려움을 느끼며, 자신이 세계 선교나 농어촌 선교를 위해 할 수 있는 일이 무엇인지를 깨닫기 어려울 것이다. 하지만 가정교회라는 믿음의 신앙 공동체 안에서 가원들과 함께 선교에 대해 고민하면서 스스로의 역할을 찾을 수 있는 것이다. 결국 선교에 대해 새로운 인식을 하게되고 직·간접적으로 선교에 참여하면서 '나도 선교에 참여한다'는 자부심을 느낄 수 있는 것이다. 이는 성도 개개인의 신앙생활에 있어 동기를 부여한다는 점에서 매우 중요한 일이라고 생각한다. 화평교회는 가정교회를 통해 전도와 선교라는 두 마리 토끼를 모두 잡을 수 있었다.

성도간의 교제와 나눔이 넘치는 축제의 장

주일 낮에 어느 교회를 가보아도 성도간에 교제가 활발히 일어나는 모습을 발견하는 것은 쉬운 일이 아니다. 대부분 예배를 마치면 무엇에 쫓기듯이 교회를 빠져나간다. 교제의 폭은 극히 제한적이어서 기껏해야 함께 예배를 드린 가족이나 같은 부서에서 봉사하는 이들이 함께 점심식사를 하는 게 전부다. 이것이 오늘 한국 교회의 실상이다.

하지만 화평교회에서는 전혀 다른 새로운 모습을 발견하게 된다. 초대 교회처럼 주간에는 작은 공동체인 가정교회에 모이고 주일은 큰 공동체인 화평교회에 모여 함께 예배드리고 교제함으로써 교회를 통해 하나님 나라의 모습을 경험하는 것이다.

교회에 오면 항상 나눔이 있고, 원하기만 하면 교육과 훈련 프로그램에 참여하여 배울 수 있기 때문에 화평교회 성도들은 교회에 대한 긍지와 자부심을 갖고 있다. 성도 간에 활발한 교제가 일어난다는 것이 얼마나 중요한 일인지 목회자라면 누구나 잘 알고 있을 것이다. 교제를 통해 하나님으로부터 받은 은혜를 나누고, 도전 받아 신앙 안에서 함께 성장하고 성숙해 가는 아름다운 모습을 발견하게 된다.

모이는 일이 즐거우면 부흥은 절로 일어난다

어떤 소그룹이든 구성원들이 그 소그룹을 통해 하나님의 은혜를 체험하고 변화 받는다면 그 모임은 일단 성공을 거둔 것이나 다름없다. 구성원 개개인이 모임에 소속감을 가지고 능동적으로 참여할 수 있는 분위기가 마련되면 모임을 이끄는 지도자는 모이는 일에 그리 신경을 쓰지 않아도 될 것이다. 또한 모임에 참여하는 구성원의 수도 날이 갈수록 부흥하는 것은 어찌 보면 당연한 이치다.

화평교회는 과거에 구역별로 모일 때보다 2년이 지난 현재, 성도 수가 배 이상 증가했다. 특히 남자 성도들 경우는 구역 모임 때보다 4배 정도 더 높은 참석률을 보이고 있다. 대부분의 교회가 남자 성도보다 여자 성도가 많은 것이 현실인 점을 비추어 볼 때 주목할 만한 대목 중의 하나다.

그만큼 가정교회로 모이는 일이 보람과 즐거움이 되므로, 늦더라도 혹은 바쁘더라도 시간을 내서 참석하는 것이다. 몇 년 후쯤에는 주일예배 출석률보다 가정교회 모임 출석률이 더 높아지리라 예상된다.

넘치는 하나님 사랑, 교회 사랑

13년 역사를 가진 화평교회는 아직 교회 건물이 없다. 지금도 상가 800m²를 매입하거나 임대하여 예배실과 교육 공간으로 사용하고 있다. 내가 예배당 건축에 별 관심이 없었기 때문이다. 그러나 성도들의 요구로 예배당을 건축하기로 하고 부지 매입을 위해 익명으로 헌금을 실시했다. 단기간에 놀라운 역사가 일어났다. 교인들이 헌금한 결과를 보고 나는 깜짝 놀랐다. 도저히 상상조차 할 수 없는 액수의 헌금이 모였다. 그 결과 1999년에는 화정지구에 2500m²의 성전부지를 구입할 수 있었다. 이러한 현상은 주님 사랑, 교회 사랑의 한 표현이라 볼 수 있다.

주중 사역활동으로 활발한 교제

화평교회에서는 주중에 가정교회별로 정식모임을 갖는 시간 외에도 필요에 따라 다양한 모임이 이어진다. 성경 읽기, 봉사활동, 식사 모임, 기도회, 전도이벤트, 가원들을 돌보는 심방, 스포츠 모임, 하룻밤 수련회, 영화·연극 관람, 음악회, 등산, 축하모임, 여행 등의 행사를 마련하여 가원들끼리 수시로 교제하는 시간을 갖는다.

다양한 소그룹 활동을 통해 성도 간의 교제가 활발히 이뤄지고 있다. 매 가정교회마다 일개 개척교회의 사역, 혹은 그 이상을 행하고 있는 것이다. 이러한 성도 간 교제는 가원들 간에 친밀한 관계를 유지할 수 있는 원동력이 되는 동시에 가정교회 부흥과 화평교회의 발전에 중요한 역할을 하며, 가원(성도)들 개개인에게는 성숙한 신앙인으로 발돋움할 수 있는 중요한 계기와 기회로 작용한다.

본보기(modeling)로 인한 사역과 준비

이제 막 태어난 아기는 부모의 행동이나 말을 그대로 따라한다. 부모가 아름다운 말과 행동을 하면 아이 역시 아름다운 말과 행동을 하지만, 매일 싸우기나 하고 서로 욕을 한다면 그 아이는 폭력적인 아이로 성장하게 된다. 이는 비단 부모와 자식 간에만 국한되는 것은 아니다. 형제 간에도 형이나 누나가 욕을 하면 동생도 쉽게 욕을 배우게 되고, 사랑으로 동생을 돌보면 그 동생 역시 자신보다 어린 사람을 사랑으로 돌보게 된다.

그런 면에서 가정교회는 서로를 통해 보고 듣고 배우며 함께 성장해 가는 신앙 공동체의 본을 보여주고 있다. 교회에서 실시하는 여러 가지 훈련 프로그램을 통하여 얻는 것 못지 않게 가정교회 현장에서 직접 보고 얻는 것이 많다. 자녀가 부모를 통해 배우듯이 평신도지도자인 가장(총무)이 어떻게 가원들을 가르치고 섬기는지를 가원들은 견습생으로서 보고 배운다. 그리하여 예비가장(예비리더)이 자연스럽게 세워져 훈련되며, 나중에 가정교회가 부흥하여 분가하게 되면 자신이 본 그대로 가정교회 사역을 직접 맡아 감당할 수 있는 것이다.

가장이 어떤 본을 보이느냐는 매우 중요한 문제다. 모든 성도들은 담임목사인 나와 보내는 시간보다는 가정교회 안에서 가장이나 다른 가원들과 보내는 시간이 더 많기 때문이다. 가장이 좋은 본보기를 보임으로 인하여 화평교회 지체들은 모두가 가정교회 지도자들을 신뢰하고 존경하고 있으며, 때가 되면 그들처럼 가정교회 사역자로 쓰임 받는 것을 최대 영광으로 생각하고 있다. 또 다른 의미의 교육과 양육이 진행되고 있는 것이다.

  제자훈련 초기에는 훈련받겠다는 자원자가 부족하여 힘들었는데 가정교회 실시 이후에는 별다른 홍보 없이도 교육훈련 프로그램에 신청자가 넘친다. 이는 각 가정교회 내에서 이미 훈련받은 선배 가원들의 권유와 본이 되는 삶이 있기 때문이다.

New Paradigm of the Church　　　　　　　　　6장

생명력 넘치는 건강한 교회로

> 건강한 교회를 이루려면 성도간의 관계가 중요하고
> 그 안에 섬김과 나눔이 풍성해야 한다는 것과,
> 서로의 삶을 깊이 나누려면 소그룹 형태가 바람직하다는 것을 알 수 있다.

어떤 교회가 건강한 교회인가? 주님께서 원하시는 진정한 교회의 모습은 어떠해야 하는가? 독일의 사회학자인 크리스티안 A. 슈바르츠는 심리학자이자 사회과학자인 크리스토프 쇼크(Christoph Schalk)의 자문을 받아 성장하는 건강한 교회들의 여덟 가지 질적 특성의 원리를 발표하였다.[60]

크리스티안 슈바르츠는 1994년부터 1996년까지 6대주에 산재해 있는 32개 국의 1000여 교회를 대상으로 각 교회마다 30명에게 설문지를 돌려 그 응답들을 420만 개로 분석했다. 슈바르츠는 교회의

건강 정도를 알 수 있는 8가지 질적 특성을 "사역자를 세우는 지도력, 은사 중심적 사역, 열정적 영성, 기능적 조직, 영감 있는 예배, 전인적 소그룹, 필요 중심적 전도, 사랑의 관계"라고 말하였다.[61]

첫째, 사역자를 세우는 지도력이란 평신도를 발굴 훈련하여 그들에게 사역을 위임하는 지도력을 말한다.

둘째, 하나님께서는 이미 모든 그리스도인이 해야 할 사역을 정해 놓으셨다. 그러므로 교회는 성도들이 받은 은사가 무엇인가를 발견하는 일에 도움을 줄 뿐 아니라 은사대로 사역할 수 있도록 맡겨야 한다. 그리할 때 건강한 교회가 될 수 있다.

셋째, 열정적인 영성은 기도나 성경공부 등이 억지가 아닌 자발적으로 자연스럽게 일어나는 것을 말한다. 건강한 교회는 공동체 내부에 열정적인 영성이 살아있다는 것이다.

넷째, 영성지상주의자들은 기능적 조직이 영적이 아니라는 부정적인 생각을 가지고 있는 반면에 방법지향주의자들은 조직을 몸 된 교회의 본질인 것처럼 생각한다. 그러나 조직은 교회 내에 목적을 이루기 위한 수단으로서 때와 상황에 맞게 세워져 활력 있게 기능해야 한다.

다섯째, 영감 있는 예배는 예배에 참석한 사람들이 예배를 통해 하나님의 임재를 경험하고 자신의 모습을 발견하는 것을 말한다. 이 예배는 기쁨과 감격이 넘치기 때문에 축제의 분위기를 갖게 한다.

여섯째, 전인적인 소그룹은 다양한 은사를 가진 사람들이 친밀한 교제와 삶을 통해 소속감과 안정감을 갖게 되는 것을 말한다. 건강한 교회는 소그룹이 끊임없이 번식한다.

일곱째, 필요중심적 전도란 인위적인 방법이 아닌 불신자들의 의문에 해답을 주고 그들의 필요를 채워줌으로 자연스럽게 복음을 전하는 관계 전도를 말한다.

여덟째, 사랑의 관계란 성도 상호 간에 사랑의 정도를 말하는 것이다. 사랑이 많은 교회는 건강하게 성장하나 건강하지 못한 교회는 성장하지 못한다.

슈바르츠는 여덟 가지 질적 특성 중에 어느 것 하나라도 희생되거나 무시되어서는 안 되며 조화를 이루어 상호 작용할 때 건강한 교회로 성장할 수 있다고 했다.

화평교회 자연적 교회성장(NCD) 건강진단 결과

화평교회는 1999년 상반기에 평신도 사역자들과 훈련받고 있는 평신도 31명을 대상으로 자연적 교회성장 설문조사를 시행했다.

설문조사 결과 전체 품질 지수가 평균 80으로 나왔다. 이는 NCD 이론에 입각하여 판단해 볼 때 아주 우수한 질적 지수라 할 수 있다. NCD에서는 교회 안에 질적 가치가 있으면 양적 성장은 그 확률이 99.4퍼센트 정도로 항상 있게 마련이라는 것이다. 1,000여 교회 중 8가지 분야 모두에서 '65'의 질적 지수에 도달하거나 그 이상 되는 교회는 모두 성장하는 교회였다. 이러한 관점에서 보면 화평교회는 현재도 건강하지만 앞으로 더욱 건강한 교회로 성장할 수 있는 가능성이 많다는 결론이 나온다.[62]

화평교회에서 가장 품질지수가 높은 요소는 사랑의 관계(95)와 소그룹(88)이고 품질지수가 가장 낮은 요소는 전도(64)였다. NCD 원리에 의하면, 약점을 보완하여 교회의 건강을 회복하려면 현재 교회가 갖고 있는 강점을 이용하여 그 교회의 약점을 보완해야 한다는 것이다. 그래서 화평교회는 최대 강점인 사랑의 관계와 소그룹을 효과적으로 활용하여 가장 최소치 요소인 전도에 각 가정교회별로 주력하고 있다.

화평교회가 사랑의 관계나 소그룹이나 은사 중심적 사역 등이 품질지수가 높은 이유는 제자훈련 사역과 가정교회 사역의 결과라는 것을 확신 있게 말할 수 있다.

건강하게 성장하는 교회들의 설문조사 결과

152쪽의 설문지는 화평교회가 국제제자훈련원과 각 교단 신문, 목회 월간지, 지역기독교 정보지 및 잡지 등을 참고로 하여 전국 주요 10개 도시(서울, 경기, 인천, 강원, 대전, 대구, 광주, 부산, 울산, 목포)를 중심으로 30개 교회를 선정하고, 목회자들에게 직접 보내어 응답을 받은 설문내용이다.

교회 선정 기준은 첫째, NCD 건강진단을 받아 전체 평균 질적 지수가 60 이상 되는 18개 교회와 평균지수가 60 이하 되는 3개 교회. 둘째, NCD 건강진단을 받지 않았지만 지역에서 건강한 교회로 주목받고 있는 9개 교회. 셋째, 양적으로 전체 평균 500명 이상 모

〈표3〉 자연적 교회성장 설문조사 결과

요소	지도력	은사중심	영성	조직	예배	소그룹	전도	관계	평균
품질지수	79	86	80	79	68	88	64	95	80

이는 교회. 넷째, 지역에서 건강한 교회로 평이 나있는 교회 등이다.

설문 내용의 응답을 통해서 발견할 수 있는 건강한 교회들의 특징은 첫째, 사람을 세우는 제자훈련 사역에 주력하고 있다는 것이다. 둘째, 세움을 입은 사람들이 역량껏 사역할 수 있는 소그룹목회를 지향하고 있다는 것이다.

괄목할 만한 사실은 제자훈련 하는 교회들이 자연적 교회성장 질적 지수가 상당히 높게 나왔다는 것이다. 따라서 화평교회가 지향하고 있는 제자훈련과 평신도 사역자들이 마음껏 일할 수 있는 소그룹의 최고 환경인 가정교회 사역이야말로 성경에 기초한 건강한 교회로 성장하게 하는 최고의 목회 전략이며 핵심이라는 것을 발견할 수 있다.

그 외에 이 설문지를 통해 확인할 수 있는 것은 첫째, 한 사람을 변화시키려면 제자훈련 같은 지속적인 훈련이 필요하며 그 제자훈련은 한 교회의 성숙이나 성장에 밑거름이 될 뿐 아니라 소그룹목회를 실행할 때 지도자로 세울만한 평신도 사역자가 많아 좋다는 것이다. 성공적인 제자훈련을 위해서는 지도자 자신의 인격과 삶이 중요하며 훈련생들의 의식수준도 큰 몫을 한다는 사실을 알 수 있다.

둘째, 건강한 교회를 이루려면 성도간의 관계가 중요하고 그 안에 섬김과 나눔이 풍성해야 한다는 것과, 서로의 삶을 깊이 나누려면 소그룹 형태가 바람직하다는 것을 알 수 있다. 그 소그룹 안에서 영적 가족임을 체험하고 복음전파를 감당하므로 영적 재생산을 실현해가며 함께 배우고 함께 자라는 가운데 각자 은사를 발견함으로써 은사껏 사역할 수 있다는 것을 알 수 있다.

 **설문지**

1. 귀 교회가 교회건강진단서인 NCD평신도 설문을 받아보셨다면 그 때 질적 지수는 대략 어느 정도였습니까?
   90점 이상 (2명)   80~90점 (1명)   70~80점 (9명)
   60~70점 (6명)   50~60점 (2명)   50점 이하 (1명)
   받지 않았음 (9명)

2. 귀 교회는 제자훈련을 실시하고 있습니까?
   정착되어 활성화 단계이다 (23명)   실시하고 있다 (7명)
   실시하려고 준비중이다 (0명)   실시하다 그만두었다 (0명)
   전혀 고려하지 않고 있다 (0명)

3. 귀 교회의 교인들은 소그룹에 어느 정도 참여하고 있습니까?
   전교인의 80퍼센트가 참여하고 있다 (11명)
   전교인의 60퍼센트가 참여하고 있다 (16명)
   전교인의 30퍼센트가 참여하고 있다 (3명)
   교회 안에 소그룹 모임이 약하다 (0명)

 **건강하게 성장하는 교회들의 설문조사 결과**

설문 내용	매우 그렇다	그렇다	조금 그렇다	아니다	전혀 아니다
1. 사람이 변화하려면 지속적인 훈련이 필요하다.	83%	17%			
2. 제자훈련은 교회성장과 성숙에 밑거름이 되고 있다.	80%	20%			
3. 제자훈련 사역을 할 때 지도자 자신의 인격이 사역의 성패를 좌우한다.	87%	13%			
4. 오랫동안 제자훈련을 한 교회는 평신도지도자 후보생이 많다.	70%	23%	7%		
5. 제자훈련 시 훈련생의 의식수준은 매우 중요하다.	47%	53%			
6. 지도자 자신의 변화와 성숙은 인간관계를 통해서 이루어진다.	17%	73%	7%	3%	
7. 소그룹목회를 지향하는 이유는 성경적 근거를 갖고 있기 때문이다.	83%	17%			
8. 지금은 제자훈련을 가장 중시하고 있으나 더 좋은 프로그램이 생기면 바꿀 생각도 있다.		3%	10%	60%	27%
9. 평신도 말씀을 가르칠 수 있고 소목회를 할 수 있다.	47%	50%	3%		
10. 성도 간에 삶을 깊이 나누려면 소그룹 형태가 좋다.	87%	13%			
11. 건강한 교회를 이루려면 서로 관계가 형성되어야 하고 그 안에 섬김과 나눔이 풍성해야 한다.	90%	10%			
12. 소그룹은 함께 배우며 자랄 수 있는 최고의 환경이다.	73%	27%			
13. 소그룹은 영적 가족임을 체험하고 영적 재생산을 실현하는 데 적격이다.	83%	17%			
14. 소그룹 안에서 사역을 분담함으로써 은사를 발견할 수 있고 은사에 맞게 일할 수 있다.	63%	37%			

화평교회 평신도와 평신도 사역자의 의식구조 설문조사

■ 평신도 설문조사

　화평교회에 등록한 지 1년 이상 된 평신도 106명을 대상으로 조사한 결과 다음과 같은 결과가 나타났다(부록 5).
　첫째, 화평교회 평신도들은 예배 속에서 살아 계신 하나님의 임재를 97퍼센트 이상이 경험하고 있음을 알 수 있다. 둘째, 화평교회 평신도들은 제2항에서처럼 교육과 훈련 프로그램을 통하여 신앙이 정립되고 성숙하는 놀라운 일들을 체험하였으며 '기회가 되면 나도 훈련받고 싶다'고 답한 교인을 포함하면 97퍼센트가 훈련의 필요성을 절감하고 있다는 것을 알 수 있다. 셋째, 화평교회 평신도들은 교회생활을 통하여 하나님 나라를 경험하고 만족스런 교회 생활을 영위하고 있다는 것을 보여준다(94%). 이 사실에 근거할 때 화평교회의 분위기가 어떠함을 짐작할 수 있다. 넷째, 제4항에 나타난 것처럼 화평교회 평신도들은 교회에서 실시하고 있는 주요행사들에 대하여 매우 긍정적으로 보고 있으며 많은 관심을 갖고 참여하고 있음을 알 수 있다(50%~100%). 다섯째, 5항에서 보는 바와 같이 화평교회 평신도들은 가정교회 모임을 성경적인 진정한 교회의 모습으로 확신하고 있으며 가정교회의 목적에 걸맞게 서로의 관계 속에서 형제사랑을 경험하고 있음을 볼 수 있다(96%). 여섯째, 화평교회 평신도들은 가정교회를 통해 전도와 선교에 더욱 관심 갖게 되었음을 알 수 있다(95%). 화평교회는 현재 가정교회별로 선교지와 선교사를 정하여 후원하고 있으며 가정교회에서 전도이벤트를 개최하여 생활 중 관계전도에 힘쓰고 있으므로 설문의 결과가 위와 같이 나타난 것은 당연한 일이다.

■ 평신도 사역자 설문조사

화평교회 평신도 사역자 37명을 대상으로 설문조사 한 결과 다음과 같은 결과가 나타났다(부록 5).

설문조사를 통해서 발견할 수 있는 것은 첫째, 사역자들이 제자훈련을 통해서 신앙이 성숙되고 인격과 생활의 변화를 경험한 사역자들이 97~100퍼센트로 나타난 것을 보면 그만큼 제자훈련은 한사람의 인격과 삶을 성숙하게 하는 훈련임을 알 수 있다. 둘째, 2항과 6항에서 볼 수 있는 것처럼 화평교회의 평신도 사역자들은 가정교회 사역을 강한 소명의식 속에서 감당하고 있음이 두드러지게 나타나고 있다(95%). 셋째, 3항에서는 화평교회 평신도 사역자들은 가정교회 사역을 하면서 하나님의 역사하심과 임재를 많이 경험하고 있다는 사실을 보여준다(100%). 넷째, 설문 4항에서 보는 바와 같이 화평교회는 제자훈련 사역을 통해서 이미 건강한 교회를 이루고 있었지만 가정교회 사역을 통해서 더욱 건강하고 균형 있는 교회로 성숙해가고 있음을 발견할 수 있다(100%). 다섯째, 설문 5항에서처럼 화평교회 사역자들은 가정교회 사역을 하면서 더욱 영적으로 성숙해졌을 뿐 아니라 삶의 방향과 목적이 확실해졌음을 알 수 있다(94%~98%).

New Paradigm of the Church

7장
가정교회 정착과 발전을 위한 제언

> 사복음서의 저자들이 예수가 누구며 무슨 일을 하셨는가에 대한 큰 그림을 보여 주고자 각기 다른 각도에서 성경을 기록한 것처럼 목회자는 가정교회에 대한 큰 그림을 확실하게 회중들에게 보여줄 수 있을 것이다.

 로버트 뱅크스는 "가정교회가 아름답게 진행하고 발전하려면 그룹의 역동성, 토론 방식, 지도자의 스타일, 인간관계 등이 필요하지만 이런 것들이 부차적인 것이 되어야지 주가 되어서는 안 된다."라고 말하고 있다. 그 이유는 부차적인 것을 앞세울 때 인위적이고 자의적인 모임으로 전락할 수 있기 때문이라고 말한다. 지나치게 인간적인 형식과 조직, 계획을 앞세울 때 가정교회의 정착과 발전은 기대하기 어렵다는 말이다. 바울이 말한 것처럼 "심는 이나 물주는 이가 아무 것도 아니로되 오직 자라나게 하시는 하나님뿐이니라"(고전 3:7)는 사실을 인정하고 겸손히 성령의 인도와 도우심을 입어 가정교회 사역을 할 때 풍성한 열매들을 경험하게 될 것이다.

가정교회 정착과 발전에 중요한 요인-일반적인 것들

■ **영적 지도자 자신이 가정교회에 대한 비전과 확신이 있어야 한다.**
　이 사역의 중요성과 가치를 성경을 토대로 충분히 인식하고 여기에 목회를 걸어야겠다는 각오와 다짐이 필요하다. 그렇지 않으면 소경이 소경을 엉뚱한 길로 인도하듯, 목회방향도 그릇된 길로 빠질 수밖에 없다.

■ **훈련된 평신도 사역자가 준비되어야 한다.**
　가정교회의 생명은 지도자에게 달려있다. 가정교회를 한 교회에 소속된 작은 교회라고 여긴다면 그 교회를 훈련되시 않은 시도사에게 맡길 수는 없기 때문에, 영적 지도자인 목회자는 일꾼을 세우는 일에 주력해야 한다. 뿐만 아니라, 평신도 사역자들을 훈련하고 가르치는 일에 열정을 아끼지 말아야 한다. 그렇게 하지 않으면 가정교회는 일시적으로 일어설 수는 있으나 지속적으로 건강하게 부흥하기는 어렵다.

■ **가정교회를 든든히 세울 수 있는 핵심 구성원이 필요하다.**
　가정교회 지도자 외에 하나님과 교회를 섬기는 일에 본이 되는 구성원이 있으면 그 가정교회는 건강하게 성장해 갈 수 있다. 핵심이 되는 구성원이 없을 때 가정교회는 성장이 더딜 뿐만 아니라 사역자는 지치게 되고 좋은 분위기 형성이 어려워 새가족이 왔을 때 적응하기가 힘들게 된다.

■ 가정교회 지도자들을 위한 계속적인 훈련과 교제가 이루어질 수 있는 시간을 정해야 한다.

가정교회 지도자들도 사역하다 보면 영육 간에 지칠 때가 있다. 그러나 교육과 훈련이 지속적으로 이뤄진다면 이 난관을 쉽게 극복할 수 있다. 또한 지도자들의 자질 향상을 위해서도 훈련과 교제는 꾸준히 계속돼야 한다. 그러므로 영적 지도자는 가정교회 사역자들을 교육하고 훈련하는 일에 주력하지 않으면 안 된다.

■ 가정교회의 허약한 부분들을 보완해 줄 수 있는 프로그램들이 교회에서 실시되어야 한다.

가정교회 식구들의 욕구는 다양하다. 그들이 더 깊이 성경을 알기 원한다든지, 부부훈련이나 전도훈련 등 체계적인 훈련을 받기 원할 때에는 언제든지 교육과 훈련을 받을 수 있는 프로그램들을 교회가 마련해 놓아야 교회가 균형을 유지하며 아름답게 성장해 갈 수 있다. 또한 작은 교회인 가정교회가 할 수 없는 부분들을 큰 교회가 다양한 영역에서 채워줄 수 있어야 한다. 예를 들어 대외 봉사활동이나 선교지 협력하는 일, 전체적인 교제나 가정교회 부흥을 위한 행사 등에 교회 차원의 적극적인 지원이 있어야 한다. 벡햄이 그의 책에서 밝히고 있는 것처럼 큰 날개인 교회와 작은 날개인 가정교회가 유기적 관계를 유지하여 건강한 교회의 모습으로 이 땅에서 하나님의 뜻을 이루어야 한다.

■ **가정교회가 살려면 기존의 비효율적인 프로그램이나 행사, 그리고 그룹들을 과감하게 없애든지 축소시켜야 한다.**

기존에 교회에서 실시하고 있는 모든 프로그램을 그대로 유지한다면 가정교회 참여가 자유롭지 못할 수 있다. 가정교회에 참여할 에너지와 시간을 확보하지 못하면 가정교회가 생명력 있게 나아갈 수 없다.

가정교회에 합당한 집중력이 주어지지 않으면 교회의 과잉조직과 여러 가지 일로 압도당할 수 있다. 그러므로 최선을 위하여 차선을 줄이거나 포기해야 한다. 가령 남녀 전도기관이나 각종 위원회 등 여러 모임 중에서 가정교회 사역을 집중적으로 하는 데 지장이 되는 행사가 있다면 그것을 의도적으로 약화시키든지 없애야 가정교회 사역이 활발하게 진전될 수 있다.

■ **가정교회 사역보고서를 매 주일 보고 받아야 한다.**

담임목사는 가정교회 지도자들로부터 한 주간 동안 사역했던 사항들을 보고받음으로써 가정교회 전체 상황을 파악하게 되고 교인 개개인의 형편과 처지를 알게 된다. 또 기도할 일이나 상담 및 심방할 일, 감사한 일, 관심 가져야 할 것 등이 무엇인지를 점검함으로 효율적인 목회 사역에 상당한 유익을 얻게 된다.

1차적으로 모든 문제 해결은 가장들의 몫이다. 하지만 전체 공동체인 교회를 책임지는 것은 담임목사의 일이기 때문에 전체 가원에 대한 상황을 파악하는 일은 매우 중요하다. 가장이 문제해결에 어려움을 겪을 때 그들을 도와 문제를 해결해야 하며, 가원들의 필요를 살펴 그 필요를 채워주는 것도 담임목사가 할 일 중에 하나이다.

가정교회 정착과 발전에 중요한 요인-실제적인 것들

가정교회가 정착되고 발전하려면 몇 가지 마음에 깊이 새겨 두어야 할 사항들이 있다. 왜 많은 목회자들이 그토록 관심 갖고 갈망하던 가정(셀)교회 사역을 시작했다가 얼마가지 못해 부도를 내는가? 거기에는 그럴 만한 이유들이 있다.

■ 처음부터 준비를 철저히 하라[63]

벡햄은 그가 쓴 책에서 많은 목회자들이 지향하는 셀교회가 신드롬의 질병에 빠지는 경우로 첫째, 준비단계부터 번식 부흥을 기대할 때 둘째, 참 의미를 먼저 바꾸지 않고 구조만을 바꾸려 할 때 셋째, 원칙과 계획 혹은 개념을 중요시하지 않고 방법과 물질을 의존할 때 넷째, 셀그룹을 세우려고 노력하는 동시에 주일 예배도 강하게 강조할 때를 지적했다.

가정교회를 세우기 위해서는 무엇보다 먼저 목회자 자신이 먼저 준비되어야 하고 그 다음에 제자를 훈련해서 세워야 한다. 가정교회를 바로 세우기 위해서는 예수께서 사역하신 원형을 모델로 삼아야 한다. 예수께서는 그의 교회를 세워 나가실 때 먼저 세 제자를 선두그룹 모델 공동체로 삼으셨고, 열두 제자를 핵심지도자로, 70명을 지지층으로, 그리고 오순절 마가 다락방의 120명을 회중의 첫 기반으로 삼았다. 그래서 시간이 흐름에 따라 3,000명, 5,000명, 1만 명, 헤아릴 수 없는 회심자들이 나타났어도 전혀 무리가 생기지 않은 것은 처음부터 지지기반을 확실하게 했기 때문이다. 오늘날 교회가 예수께서 하신 원형적인 기본단계를 소홀히 하고 가정교회 사역을 한다면 처음에 수정과 조정을 하는 것보다 50배 이상의 많은 시간과 대가를 치러야 한다고 전문가들은 말하고 있다.[64]

교회가 가정교회를 바로 세우기 위해서는 단계적으로 사람을 준비시키는 일이 제일 중요하다. 지도자가 이러한 일은 소홀히 한 채 역동적인 셀교회를 방문하고 세미나에 참여하거나 셀에 대한 책을 읽고 도전을 받았다고 해서 가정교회에 대한 시간 계획이나 과정에 대한 설명도 없이 서둘러 가정교회를 세운다면 상당한 문제가 발생할 수 있다. 왜 가정교회 사역을 해야 하는가에 대해 깊이 고민하고 성경적인 기초 위에서 많은 생각을 해 보자. 사복음서의 저자들이 예수가 누구며 무슨 일을 하셨는가에 대한 큰 그림을 보여 주고자 각기 다른 각도에서 성경을 기록한 것처럼 목회자는 가정교회에 대한 큰 그림을 확실하게 회중들에게 보여줄 수 있을 것이다. 그리할 때 회중이 지도자를 따르게 되며 여기서부터 좋은 가정교회가 탄생할 수 있는 것이다.

■ **가정교회 사역이 모든 사역의 중심이 되도록 하라.**

가정교회 사역은 교회의 공동체성과 직결되는 본질적인 사역이니만큼 교회의 각 그룹 모임이나 행사, 봉사, 그리고 교육과 훈련 등이 가정교회 중심으로 이루어져야 한다. 각 그룹 모임이나 행사 그리고 각종 교육과 훈련 등 그 무엇도 가정교회 사역보다 앞서서는 안 된다. 가정교회 사역을 목회의 한 부분이나 방법론 혹은 프로그램으로 생각하면 결코 건강한 가정교회를 세울 수 없다. 그러므로 가정교회가 정착되고 발전하려면 가정교회 사역이 교회 사역의 중심부에, 그리고 맨 앞에 와 있어야 한다.

■ **구성원들끼리 서로 친밀하게 알아 가는 일에 초점을 맞춰라.**

가정교회에 참여하는 자들이 가면을 벗기까지는 시간이 걸린다. 지도자는 처음 참여한 자들이 자발적으로 질문하고 자원해서 이야기할 수 있도록 좋은 분위기를 만드는 일에 신경을 써야 한다. 이러한 과정들을 통하여 서로 친숙해짐으로써 더 나은 공동체를 만들 수 있기 때문이다.

가정교회에 참여한 구성원들 사이에 서먹서먹한 분위기를 깨뜨리고 친밀한 관계형성을 위해서는 마음열기(ice break) 게임을 하거나, 당분간 그룹을 더 작게 유지시키면서 모임 중에 식사시간을 갖는 것도 좋은 방법이 될 수 있다.

■ **영적 재생산(분가)에 역점을 두라.**

가정교회의 큰 목표 두 가지를 든다면 내부적으로는 성숙한 공동체를 이루는 것과 외부적으로는 주님의 지상명령을 준행하는 전도를 하는 것이라고 할 수 있다. 초대 교회 그리스도인들은 공동체적인 삶뿐만 아니라 바깥 세상을 향해서도 큰 관심을 갖고 있었다. 그리고 이 두 가지를 병행해 실천했다.[65]

가정교회가 전도하는 일을 소홀히 하고 모이는 교회로만 안주해 버린다면 시간이 흐를수록 영적 매너리즘에 빠지게 된다. 가정교회 초기에는 새가족을 위해 나눔에 역점을 둘 수 있지만 가정교회가 자라갈수록 전도에 큰 비중을 두어야 한다.

랄프 네이버와 로렌스 콩은 가정(셀) 그룹의 일생을 다음 도표와 같이 설명하고 있다.[66]

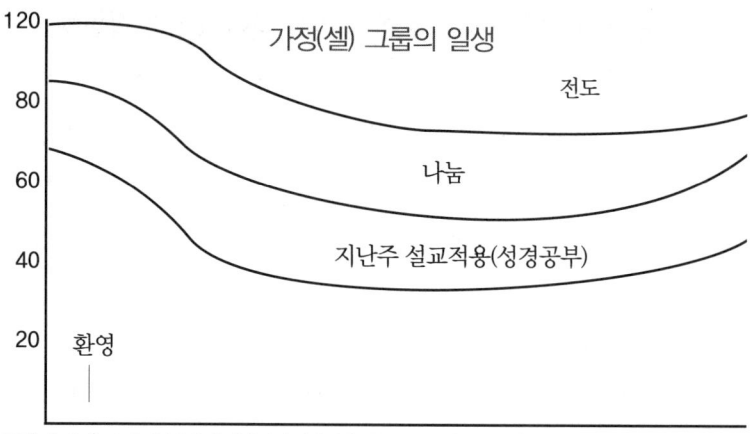

■ **인내가 필요하다.**

건강한 가정교회가 탄생하고 자라기까지는 여러 가지 갈등의 단계가 있다. 공동체의 기초가 되는 가정교회는 어느 곳에서보다 하나님의 은혜가 충만하고 성도들의 뜨거운 교제와 나눔이 있고 얻는 기쁨 또한 크다.

그러나 그에 못지 않게 갈등과 정신적 고통도 크다. 공동체 내에서 고민과 갈등을 경험하는 동안 가정교회 식구들은 기쁨을 경험하지 못하나 어려움을 겪은 후에는 더 큰 기쁨을 만끽하며 예수 안에서 한 형제요, 가족임을 깊이 체험하게 되는 것이다. 그러므로 갈등과 고민의 시기가 닥칠 때 소망 중에 인내로써 이겨나가야 한다.

역동성 있는 가정교회들은 하나님의 섭리와 계획 아래서 진통을 경험한 후에 풍성한 열매를 얻는 것을 볼 수 있다. 너무 서둘러 부흥을 기대하지 말아야 한다. 가정교회는 하루아침에 이루어지는 것이 아니라는 사실을 기억해야 한다.

New Paradigm of the Church

8장 제자훈련과 사역

> 제자훈련의 가장 큰 장애는 훈련생보다 훈련자(목회자) 자신에 있다는 사실을 잊어서는 안 된다. 훈련하는 사람의 인격과 삶의 정도가 어느 수준인가에 따라서 훈련생의 영적 수준에 차이가 나게 된다. 그러므로 훈련자 자신이 철저히 예수의 제자가 되지 않으면 훈련생도 예수의 참 제자가 될 수 없다. '스승만한 제자 없다'는 가르침을 명심해야 하는 이유가 여기에 있다.

교회를 크게 부흥시키기 위해서 혹은 고분고분 말 잘 듣는 사람으로 만들기 위해서 혹은 교회 연합을 위해서 제자훈련을 하는 것이 아니다. 제자훈련의 궁극적인 목적은 바울이 골로새서를 기록할 때 밝힌 것처럼 '각 사람을 그리스도 안에서 완전한 자로 세우려 함'이다.

데이빗 왓슨은 제자훈련의 필요성을 다섯 가지로 밝히고 있다.[67]

첫째, 전통적인 기성 교회에서 많은 그리스도인들이 교리적, 도덕적 결핍으로 인하여 심각하게 동요하기 때문이다. 둘째, 그리스도인이라고 하는 사람들의 헌신이 너무 결여되어 있기 때문이다. 셋째, 현재 수많은 교회들이 방향감각을 잃고 있기 때문이다. 넷째, 모든 그리스도인들이 교회 사역에 참여해야 함을 성경적으로 조명해주며 바른 동기와 자세를 가지고 받은 은사대로 봉사하기 위해서이다. 다섯째, 교회 전통으로 복음 전파 능력이 교회에서 경시되고 교회에 위임된 전도 사역을 부흥사나 기타 몇 사람에게 의존하고 있기 때문이다.

오늘날 많은 교회와 목회자들이 제자훈련을 목회의 한 방법이나 기술로 생각하고 있다. 그러나 이는 매우 잘못된 생각이다. 제자훈련은 목회의 최고 전략이며 핵심인 동시에 교회사역 그 자체이다. 그것은 제자훈련이 사람을 세우는 본질적인 사역이기 때문이다.

제자훈련 사역을 막는 장애 요인과 그 해결책은 무엇인가

과거 어느 때보다도 한국 교회는 목회자의 패러다임이 바뀌어야 하고 교인들의 시고전환이 필요한 시기에 와 있다. 한국적인 성황에서 제자훈련을 해 나갈 때 장애가 되는 요인은 무엇이며 그 해결책은 무엇인지를 살펴보자.

■ 전통적 제도주의

전통적 교회는 변화를 두려워한다. 하지만 시대의 변화와 더불어 교회도 변화에 대처해야 한다. 시대가 교회의 변화를 요구하는 시점에 서 있다는 것을 분명히 인식해야 한다. 진리와 그리스도의 복음을 바꾸지 않으려면 문화적인 것들에 대해 담대하게 변신해야 한다. 그러나 전통적 교회는 변하지 않기로 작정한 듯한 태도를 지니고 있다. 무엇보다도 제자훈련 사역이 성경에 기초한 본질적인 사역임을 믿는다면 이 사역을 효과적으로 하기 위해서 제도화된 전통적 사고방식에서 벗어나야 한다.

초기 예루살렘교회가 한때 제도주의에 빠져 어려움을 겪은 일이 있었다. 그들은 자기들끼리 안주하며 만족하려 했다. 복음 증거를 열방으로 분산하여 하나님의 왕국을 세우고자 하는 하나님의 의도를 무시한 채 자기 중심주의에 빠져 있었다. 이 때 하나님이 이들을 흩으셨다. 그때서야 하나님의 계획을 깨닫고 안디옥교회가 훈련된 제자들을 세계 선교를 위해 파송하는 것을 볼 수 있다. 교회는 제자 삼는 일과 복음 전파와 비전을 이루기 위하여 이러한 전통적 제도주의의 장벽을 제거하며 나아가지 않으면 안 된다. 그럼에도 불구하고 한국 교회는 별로 중요하지도 않은 비본질적인 전통적 제도의 장벽을 깨뜨리지 못하여 제자훈련 사역의 시도를 주저하고 있다.

전통적인 제도주의에서 벗어나는 일은 과감히 평신도들에게 사역을 분담시킴으로 해결할 수 있다. 궁극적으로는 하나님의 간섭하심으로써 제도주의 장벽이 깨질 수 있지만 인간 편에서는 사역을 평신도들에게 분담해줌으로써 그 문제 해결이 가능한 것이다. 현대 교회는 목회자만이 중요한 영적 사역을 할 수 있다고 생각하는 경향이 많다. 머리로는 모든 신자들이 교회에서 해야 할 일과 은사가 있다고 알지만 교회 내의 실질적인 사역들을 전문 사역자인 교역자들에게 절반 이상 의존하고 있다. 심지어 일을 맡기면 목회자의 목회 태만으로 여기거나 하찮은 일로 인식하는 경향이 있다. 이러한 제도주의적 장벽을 과감히 제거해야 한다.

뿐만 아니라 목회자는 평신도가 자유롭게 일할 수 있는 사역의 장을 열어주어야 한다. 훈련된 교인들에게 영적인 사역을 감당할 수 있도록 허용해 주어야 한다. 예를 들어 상담이나 설교, 교육, 심방, 양육, 대표기도 등을 과감히 맡겨야 한다. 목회자는 평신도 얼마든지 사역자가 될 수 있고 아울러 동역자임을 인식하고 평신도들에게도 이 같은 역할을 주지 시켜야 한다. 이것이 제도주의의 장벽을 무너뜨리는 길이다.

■ 잘못 훈련된 사람

대부분의 목회자들은 수 년 혹은 수십 년 신앙생활 하다가 상처받고 교회를 포기했던 사람, 타 교회 다니다가 개인적 사정이나 지역적 상황으로 교회에 들어온 사람, 과거에 성경공부 많이 했다는 사람과 또 기도원을 많이 다니며 열심히 기도하고 경건생활을 했다는 사람, 기독교 계통에서(학교, 기관) 사역했던 사람 등이 오히려 처음 교회에 나와 등록하고 때가 되어 제자훈련 받는 사람보다 훈련하기에 훨씬 더 힘이 드는 것을 경험했을 것이다. 잘못된 훈련이 한 개인의 신앙생활을 어떻게 망쳐 놓는지 잘 알 수 있는 경우다.

물론 그들 가운데 잘 훈련된 사람도 있지만 이는 소수에 불과하다. 잘못 훈련된 사람들의 일차적인 책임은 그들을 지도한 목회자들과 신앙적인 배경이나 환경에 있다고 할 수 있다. 이들에게 가장 큰 문제는 선입견이다. 교회나 영적 지도자에 대해서 부정적인 사고 방식을 갖고 있는 것이 문제인 것이다.

이를 해결하기 위해서는 먼저 목회자 자신이 신뢰를 쌓는 일이 중요하다. '말과 행실과 사랑, 믿음과 정절'에 대하여 좋은 본을 보여야 한다. 그리고 그들과 마음껏 교제할 수 있는 좋은 소그룹 환경을 만드는 일이다. 그 다음 할 일은 제자훈련의 중요성과 가치를 가르치는 것이다. 그리할 때 그들의 삶과 인격에 변화를 경험하게 된다.
 잘못 길들여진 사람을 바로 세우는 일만큼 귀한 일이 어디 있겠는가? 그래서 제자훈련이 필요한 것이다. 대상에 따라 많은 시간도 걸리겠지만 용기와 인내를 가지고 이러한 장벽을 극복하면 큰 열매를 기대할 수 있다.

■ **훈련자의 인격**

 제자훈련의 가장 큰 장애는 훈련생보다 훈련자(목회자) 자신에 있다는 사실을 잊어서는 안 된다. 훈련하는 사람의 인격과 삶의 정도가 어느 수준인가에 따라서 훈련생의 영적 수준에 차이가 나게 된다. 그러므로 훈련자 자신이 철저히 예수의 제자가 되지 않으면 훈련생도 예수의 참 제자가 될 수 없다. '스승만한 제자 없다'는 가르침을 명심해야 하는 이유가 여기에 있다.
 예수를 닮은 사람을 만들어 내는 것이 제자훈련이라면 먼저 지도자 자신이 예수를 닮은 사람으로 성숙해가야 한다. 그러므로 훈련자는 바울처럼 '내가 그리스도를 본받는 자 된 것 같이 너희는 나를 본받는 자 되라'고 할 수 있어야 한다. 그리고 부단히 경건훈련을 통해 나가지 않으면 안 된다. 그래서 바울도 믿음의 아들 디모데에게 '너는 경건에 이르기를 연습하라'고 충고하였다.
 전통적인 제도의 장벽, 잘못 길들어진 사람들의 장벽, 그리고 훈련자 자신의 장벽을 성령의 도우심으로 깨뜨리며 극복해 나갈 때 제자훈련 사역과 복음 전파는 효과적으로 이 땅에서 이루어질 것이다.

현실 교회에 있어서 오도된 제자훈련과 변증

앞에서 살펴본 대로 제자훈련은 예수 그리스도와 그의 제자들, 그리고 바울과 그의 서신을 받는 자들이 힘써 왔던 본질적인 사역이다. 그럼에도 불구하고 우리 주변에는 제자훈련에 의심을 품거나 목회의 한 일면이나 교회의 프로그램 중 하나 정도로 생각하는 목회자들이 많다. 그리하여 제자훈련 사역을 너무 쉽게 포기하고 원리가 빠진 인위적이고 방법론적인 사역들을 도입하여 그것을 제자훈련 사역에 대한 대안으로 생각하기도 한다. 그러한 결과로 인하여 뚜렷한 목회 철학과 교회관이 정립되지 않은 상태에서 교회 성장의 열쇠를 찾는 일에만 급급해 하는 사람들도 많다.

왜 많은 목회자들이나 평신도들이 본질적인 제자훈련을 포기하고 있는가? 어떠한 사고 방식을 가지고 있기에 제자훈련을 소홀히 하며 무시하고 있는가? 바로 제자훈련에 대한 잘못된 생각을 가지고 있기 때문이다.

■ **오류: 제자훈련 하면 머리만 커진다.**

이러한 생각은 제자훈련을 성경공부로 생각하고 있는 데에 기인한다. 또 과거에 제자훈련을 성경공부 방식으로 했던 사람들의 경험이기도 하다. 성경공부 시켜 놓으니 일을 하지 않고 지도자만 괴롭히더라는 것이다. 그러나 제자훈련은 성경공부가 아니다. 성경공부는 제자훈련의 수단이지 결코 목적이 아니다. 제자훈련은 머리도 커지고 가슴도 뜨거워지게 하는 훈련이며 인격과 삶이 변화되고 성숙해지게 만드는 과정이다. 여기의 문제는 지도자가 제자훈련을 바르게 하지 않았을 때 일어날 수 있는 문제이다.

■ 오류: 보편성을 띤 교회론이 약화된다.

　훈련하는 지도자가 바른 교회관을 갖고 있지 않을 때 이러한 현상이 나타날 수 있다. 그러나 제자훈련은 바른 교회관을 정립하게 하는 훈련으로서 보편적 교회관을 약화시킨다는 생각은 오해이다. 제자훈련 받은 사람이 다른 기성 교회로 이동했을 때 적응하지 못하는 이유 때문에 이런 생각들을 하는 것 같다. 그러나 건강한 교회라면 제자훈련 받은 사람이 잘 적응할 수 있는 분위기가 되어야 한다. 그리할 때 제자훈련 받은 자가 바른 동기와 태도를 가지고 교회와 성도를 아름답게 섬길 수 있다.

■ 오류: 제자훈련은 목사의 권위와 봉사사역을 약화시킨다.

　제자훈련은 평신도들 누구나 말씀을 전하고 가르칠 수 있게 하는 훈련이다. 평신도 사역의 극대화를 가져오게 하는 사역이다. 그리고 받은 은사대로 열심히 교회와 지도자들을 섬기게 하는 훈련이다. 그러므로 강단사역 혹은 목사의 권위나 봉사사역이 풍성하고 높아지고 성숙해지는 것이지 결코 약화되는 것이 아니다. 혹 어떤 이들은 제자훈련을 하면 평신도 사역의 극대화로 목회자의 설 자리가 없어진다고 두려워한다. 이러한 생각은 제자훈련 사역을 해보지 않았거나 제자 사역에서 열매를 맛보지 못한 사람들의 말이다. 오히려 제자훈련은 목회자의 권위나 강단사역과 봉사사역을 성경의 기초 위에 섬기고 사역하도록 강화시키는 훈련이다. 목회자의 권위가 더 높아지고 봉사사역이 더 강화되는 훈련이 제자훈련 사역이다.

한국 교회의 목회자들은 하루빨리 개혁자들이 부르짖었던 만인 제사장적 사명을 감당하도록 평신도들을 동역자로 만들어야 한다. 그렇지 않으면 목사의 권위와 봉사사역이 갈수록 땅에 떨어지고 형식만 남게 될 것이다.

■ **오류: 제자훈련은 편협한 경건주의나 분리주의로 빠질 수 있다.**[68]

데이빗 왓슨(David Watson)이 『제자도』에서 말한 것처럼 이러한 위험성이 제자훈련에 있을 수 있다. 그러나 훈련자가 온유와 겸손, 그리고 사랑과 진실함으로 훈련했을 때 훈련받은 자는 결코 편협한 경건주의자나 분리주의자로 전락하지 않는다. 무엇보다도 훈련받은 자에게 사역의 현장을 주어서 교회와 이웃을 섬기도록 도와준다면 그렇게 빠질 가능성이 없다. 제자훈련에서 강조되는 부분도 하나님과 이웃과의 관계이다. 세상에서 도피하거나 극단적인 신비주의, 광신적인 신앙은 용납하지 않는다. 오히려 제자훈련은 사람을 바람직한 신앙인으로 키워 이 땅에서 사명을 감당하게 한다.

■ **오류: 제자훈련은 훈련자가 훈련받은 사람을 사유화한다.**[69]

제자훈련의 목적이 예수의 제자로 만들어 예수의 삶과 인격과 생각을 닮아가도록 만드는 훈련인데 훈련자가 훈련생을 자기 닮은 사람 만들어 조직으로 묶어 꼼짝 못하도록 동여매는 것을 제자훈련이라고 생각하는 사람이 있다. 실제로도 이러한 현상들이 한국 교회 안에서 많이 일어나고 있다. 그래서 비인격적이고 비윤리적인 교인들이 많아서 한국 교회가 세상 속에서 지탄을 받고 공신력을 잃어가고 있다.

그러나 이러한 제자훈련은 성경에서 말하는 제자훈련이 결코 아니며

이 세상이나 사이비적인 종파에서나 볼 수 있는 일이다. 성경에서 말하는 훈련자(지도자)는 하나님의 도구일 뿐이다. 제자훈련은 모든 영광과 존귀를 하나님이 받으셔야 한다는 철저한 신본주의에 근거한다. 훈련자는 세례 요한(요 1:23, 27; 3:30)이나 바울(고전 11:1)과 같은 자세를 가지고 제자훈련을 해야 할 것을 성경은 가르치고 있다.

■ **오류: 지금은 제자훈련 시대가 아니다.**

매우 잘못된 생각이다. '제자'란 말이나 '제자 만들라'는 말이 서신서에 나오지 않는다고 이 시대는 제자훈련 시대가 아니라고 주장하는 사람이 있다. 즉 시대적 상황에서 제자훈련이 맞지 않는다는 것이다. 그래서 어떤 이들은 지금은 셀(cell)모임을 강화시킬 때라고 이야기하거나 리더십(leadership)의 시대라고 말한다. 또한 어떤 이는 멘토링 시대라고 주장한다. 제자훈련은 한물 간 사역으로 지금은 시대와 상황에 맞는 다양한 프로그램을 도입해야 할 때라고 주장한다. 그러나 시대와 상황은 변해도 제자훈련 사역은 모든 사역의 바탕이 되는 본질적인 사역으로서 교회가 변함 없이 시행해야 할 것이다.

■ **오류: 균형 있는 인격의 사람으로 만들어내지 못한다.**

피훈련자는 훈련자인 지도자에게 절대 의존하는 경향이 있기 때문에 어떤 문제에 대하여 비판적 사고나 객관적으로 사물을 보는 눈을 잃게 될 수 있다는 것이다. 사람을 쇠뇌해서 자기가 의도한 사람을 판에 찍듯이 만들어 내지 않는가 하는 의구심을 갖는 것이다. 하지만 이것은 제자훈련의 근본 철학에서 완전히 벗어난 행위에 대해서 지적한 말이다. 신학 훈련이나 인격 훈련이 결여된 사람이 다른 사람을 훈련하면 얼마든지 기형아를 만들어 낼 수 있다.

그러나 제자훈련은 평신도 한 사람 한 사람을 그리스도의 제자로 세워 예수 닮은 사람으로 배워가게 한다. 예수의 장성한 분량이 충만한 데까지 자라도록 힘쓰며 하나님과(수직관계) 사람과(수평관계)의 조화된 관계를 이루도록 하는 훈련이다. 훈련생들로 하여금 선교적인 책임과 아울러 사회적인 책임을 의식하고 소명을 다하게 하는 훈련이다. 그래서 제자훈련은 교회 생활과 교회 밖에서의 생활이 다 거룩해야 함을 강조한다.

■ 오류: 제자훈련은 영성 부분이 약하다.

제자훈련을 하는 교회는 성경공부는 강한데 기도가 약하다느니 혹은 지식은 많은데 전도 열매가 없다고 말하는 것은 선입견이다. 오히려 제자훈련은 이러한 부분을 강조하는 영적인 훈련이다. 제자훈련은 기도훈련이며 전도훈련이다. 결코 제자훈련을 영성과 별개의 것으로 생각할 수 없다. 구원의 확신과 양육과 헌신과 재생산 등 영적 성숙을 제자훈련의 목표로 삼아 생활 속에서 그리스도의 품성을 드러내도록 하는 것이다.

■ 오류: 제자훈련은 상당한 의식과 좋은 환경을 요한다.

계층의 벽을 깨뜨리기가 어렵다는 것이다. 그렇기 때문에 학력이나 의식수준이 낮은 지역이나 열악한 환경에서는 할 수 없다고들 한다. 그러나 이것은 예수의 가르침의 원리가 아니다. 예수의 제자들을 보라. 어부들, 세리와 죄인들임에도 불구하고 제자로 택하여 세우지 않았는가? 그러므로 제자훈련은 남녀 빈부 귀천을 막론하고 다 할 수 있고 받을 수 있다. 그 대상과 눈 높이에 맞게 다양하게 창의적인 방법으로 훈련하면 되는 것이다. 제자훈련의 성패는 지도자가 어떤 사람이냐에 달린 것이지 훈련받는 사람이 어느 정도 수준에 있느냐에 달려있는 것이 아니다. 얼마든지 창의적인 방법으로 지역과 대상에 따라 제자훈련을 할 수 있고 놀라운 변화와 열매를 기대할 수가 있다.

■ **오류: 제자훈련은 기존 교회의 전통과 제도를 무시한다.**[70]

기존 교회의 전통과 제도를 무시한다는 선입견을 가지고 있어 제자훈련을 하지 못하는 두 부류의 목회자들이 있다. 하나는 전통과 제도를 파수해야 한다는 강한 집념 때문이며, 다른 하나는 전통과 제도의 장벽을 무너뜨려야 하는데 기존체제의 변화에 대한 두려움 때문에 제자훈련을 시행하지 못하는 부류이다.

제자훈련은 교회의 전통과 제도주의 장벽을 뛰어넘어야 할 수 있는 것이 사실이다. 초대 예루살렘교회가 계속 안일에 빠져 있을 때 하나님께서는 그들을 흩으셨고 그 후 사역에 놀라운 부흥과 발전을 가져왔다(행 2, 13장). 그러나 삼십 년이 지난 후 히브리서를 보면(히 5:11~6:4) 신학적으로나 실천적인 면에서 퇴보하고 제도주의와 전통에 빠져 어려움을 겪고 있는 것을 볼 수 있다. 그러므로 목회자들은 전통과 제도화된 방식에 만족해서는 안 된다.

■ **오류: 제자훈련은 교회사적인 안목이 부족하다.**

하나님은 자신의 의도나 뜻을 성경을 통하여 계시하실 뿐 아니라 역사 속에 일어나고 있는 여러 사건을 통하여 자신의 계획을 알리는

데, 제자훈련은 이러한 부분이 결여되어 있다는 것이다. 그러나 제자훈련이 성경을 바르게 관찰하고 이해하고 적용하는 일을 중요하게 생각하고 훈련하기 때문에 별 문제가 없다.

성경은 창세기부터 계시록까지 하나의 역사를 기록하고 있는데 그 역사는 예수 그리스도를 증거하는 역사이다. 그 역사의 주관자가 하나님이심을 이스라엘 민족의 역사를 통해서 보여주고 계시다. 그렇기 때문에 지나온 성경 역사를 바로 알고 이해하면 기독교 2천 년 역사도 바른 통찰력을 가지고 볼 수 있기 때문에 문제가 될 수 없다.

■ 오류: 제자훈련은 신학적인 부분이 약하다.

성경이 하나님의 창조와 그리스도의 구속 사역, 하나님 나라 등 폭넓게 가르쳐 주고 있는데 제자훈련은 지엽적인 부분으로 혹은 이원론적으로 치우치고 있다는 지적이다.

그러나 알아야 할 것은 이러한 상황에서는 제자훈련을 누가 하느냐가 중요한 일인데 바른 신학을 공부한 지도자가 성경에 대한 바른 안목을 가지고 훈련생을 지도하고 가르치며 훈련하면 되는 것이다. 훈련받는 사람들이 기독교의 세계관이나 하나님 나라에 대한 관심을 크게 갖도록 훈련자가 훈련하면 문제될 것이 없다.

교회가 제자훈련을 하지 않고 교회 내에 둥지를 틀고 안락한 지대에 머문다면 그 교회는 생명력을 잃고 말 것이다. 전통과 제도를 두려워한 나머지 제자 사역을 게을리 한다면 이전보다 교회는 더 퇴보할 것이며 세계 복음화는 하나의 환상에 불과할 것이다. 어떠한 희생을 치르더라도 제자훈련은 해야 한다.

왜 제자훈련이 필요한가?

주님이 하신 주된 사역이며 유언으로 명하신 사역이기 때문이다.
예수 그리스도의 공생애를 집중적으로 다루고 있는 복음서를 살펴보라. 예수께서 하신 주된 일이 제자 사역이고 제자들에게 분부하신 말씀도 제자 만들라는 일이다. 어찌 그의 제자인 우리가 혹은 교회가 예수 그리스도의 지상최고 명령을 무시할 수 있겠는가?
『제자로 삼는 교회』의 저자인 빌 헐은 제자 삼는 교회가 정상적인 교회이며 제자 사역은 모든 교회와 신자들을 위한 것이라며, 그리스도의 몸인 교회가 반드시 제자 사역에 힘써야 하는 이유로 세 가지를 이야기했다. 첫째, 그리스도께서 교회로 하여금 이 사역을 하도록 가르치셨고, 둘째, 그리스도께서 제자 사역에 친히 본을 보이셨으며, 셋째, 신약시대 제자들이 그것을 실제로 적용하였다[71]는 것이다.

■ **사람은 훈련을 통해서만 온전해질 수 있기 때문이다(골 1:28).**

제자(disciple)와 훈련(discipline)은 어원이 같다. 제자로서의 삶은 훈련의 삶이다. '만물보다 거짓되고 심히 부패한 것은 마음이라'. 예수께서도 '사람에게서 나오는 것이 사람을 더럽게 하느니라'고 말씀하셨다. 인간의 마음이 변화되지 않고는 인격의 성숙이나 삶의 변화를 기대할 수가 없는 것이다. 바울은 '남에게 전파한 후에 버림을 받을까봐 자기를 쳐 복종시킨다'고 고백하고 있다. 성경을 통해서 알 수 있듯이 사람은 훈련되지 않고서는 부패하고 타락한 성품에서 나오는 습관을 이기기가 어렵다. 그래서 월터 헨릭슨(Walter A. Henrichsen)은 그의 책에서 "제자는 태어나는 것이 아니라 만들어지는 것이다."[72]라고 말했다. 그리스도의 제자에게 훈련은 필수적임을 나타내는 말이다. 그러므로 제자는 훈련된 사람이다. 제자훈련을 하는 이유는 바로 그리스도를 닮은 온전한 사람으로 살아가도록 하기 위해서이다.

■ **사람 세우는 일이 중요하기 때문이다.**

바울은 에베소교회에 보낸 서신에서 제자훈련을 해야 하는 세 가지 이유를 밝히고 있다. "첫째는 성도를 온전케 하고, 둘째는 봉사의 일을 하게 하며, 셋째는 그리스도의 몸을 세우기 위함"이라고 말한다(엡 4:12). 오늘날 교회가 사람 세우는 일을 먼저 하지 않고 일만 맡기기 때문에 교회가 건강하지 못하고 문제가 많이 일어날 뿐 아니라 바른 동기와 자세를 가지고 그리스도께 헌신하지 못하는 것이다.

교회가 제자훈련 사역에 목숨을 걸어야 하는 이유는 제자훈련이 사역사를 세우는 일이기 때문이다. 오늘날 교회에서 목회자들은 목회를 분담하고자 하지만 훈련 없이 사역자를 세우는 일은 불가능하다. 제자 삼는 사역은 모든 사역의 기초를 이루기 때문에 배가 운동이나 분담 사역보다도 가장 먼저 선행되어야 할 일이다. 릭 워렌(Rick Warren)은 "우리는 그룹을 나눔으로 배가하지 않고, 평신도 사역자(리더)들을 배가함으로써 그룹을 배가시켰다."[73]라고 말하였다. 이처럼 사람을 세우는 제자훈련 사역은 목회의 생명이고 무엇보다 우선적인 일이며 교회가 해야 할 중대한 사명이라는 것을 잊지 말아야 할 것이다.

■ 사역을 평신도에게 분담하기 위해서이다.

예수 그리스도나 초대 교회 사도들은 평신도와 성직자들을 구분하여 머릿속에 두지 않았다.[74]

누구나 다 그리스도 안에서 동일한 시민이며 하늘의 백성이다. 즉 왕 같은 만인 제사장이다. 그러나 한국 교회는 평신도를 목회 동역자로 세우지도 못하고 사역의 장을 열어주지도 않으며 목회자 자신이 혼자 모든 일을 감당하려고 한다. 모두가 그리스도의 지체이며 각 마디를 통하여 도움을 입음으로 서로 연락하고 상합(엡 4:16)하는 공동체인데 평신도에게 사역을 인계해 주지 않고 있다. 목회자 자신이 그리스도의 사역을 혼자 하겠다고 고집을 부리는 결과로 평신도들은 사역해 볼 기회와 환경을 얻지 못한다. 제자훈련 하는 바른 이유는 이러한 교회의 체질을 바꾸어 목회사역을 평신도와 분담하기 위해서이다.

■ 세계 복음화의 지름길이다.

교회가 제자 삼는 일을 하지 않는 한, 영적으로 재생산하거나 각처로 복음 전파할 사람을 파송하거나 복음을 계승할 사람들을 확보할 수 없게 된다. 보라, 예수 그리스도의 제자들이 전한 복음이 우리에게까지 오지 않았는가? 교회가 제자훈련 사역을 소홀히 한다면 일시적 부흥은 일어날 수도 있겠지만 곧 쇠퇴할 것은 자명한 일이며, 교회는 이전보다 더욱 비참하게 되고 세상은 여전히 복음화 되지 못한 상태에 머무르게 될 것이다. 그러나 제대로 된 제자훈련 사역은 재생산을 가능케 하며, 결국에는 하나님이 계획하신 방법인 배가의 법칙으로 세상을 복음화 시킨다. 그러므로 교회는 용기와 인내심을 가지고 제자훈련 사역에 힘써야 한다.

■ 교회 모든 사역의 기초가 되기 때문이다.

사람을 세우는 제자 사역을 교회가 게을리 한 채 프로그램이나 행사에만 급급할 때 그 교회는 종교적인 열심과 경건의 모양은 있으나 능력이 없는 사람들로 초만원을 이루게 될 것이다. 아울러 그들이 하는 일이나 수고는 전혀 주님과 무관한 일이 되고 말 것이다. 왜냐하면 훈련되지 않은 상태에서 일을 하면 그 동기나 태도가 바르지 못할 것이 뻔하기 때문이다. 바로 제자훈련은 그리스도인으로 하여금 바른 태도와 동기를 가지고 사역하도록 돕는 훈련이다. 그 결과 교회의 모든 사역들이 견고함 속에서 아름다운 열매를 맺게 된다.

제자훈련 사역을 통해서 얻어진 열매들

■ 사람들의 변화와 성숙

화평교회가 일꾼을 세우는 제자훈련에 주력한 결과 사람들의 변화가 나타났다. 변화될 뿐만 아니라 갈수록 그리스도의 장성한 분량이 충만한 데까지 자라고 있는 것을 경험할 수 있었다. 목회 사역을 하다보면 어떤 성도는 공동체 안에서 변화되지 않기로 작정한 사람처럼 보여지는 경우를 가끔 보게될 것이다.

제자훈련을 하면서 교회 안에 예수 그리스도를 닮아 가는 성도들이 많아짐으로 여기에 감동을 받은 사람들이 자신도 제자훈련을 받겠다고 신청을 하는 놀라운 역사를 경험하게 되었다. 그 이후부터는 제자훈련반을 새로이 모집할 때마다 특별한 홍보 없이도 훈련생들이 넘쳤다.

■ 유기적인 깊은 관계 형성

제자훈련을 받은 훈련생끼리 친밀한 관계를 맺거나 목회자와 훈련생 사이에 격의 없는 친밀한 관계가 형성되는 것을 체험할 수 있었다. 또한 제자훈련을 받은 사람들은 그리스도 안에서 강한 지체의식을 가짐으로써 다른 지체들을 돌아보고 섬기는 일을 게을리 하지 않았다.

그 아름다운 영향력이 훈련받지 않은 다른 지체들에게도 전달됨으로 교회의 분위기가 영적인 분위기로 더욱 변화되었다. 우는 자들과 함께 울고, 즐거워하는 자들과 함께 즐거워하는 성숙한 공동체로 확산되어 가는 것은 제자훈련 사역의 결과로 나타나는 귀한 열매다.

■ 사역자의 증가로 평신도 사역 중심의 교회로 성장

제자훈련 사역으로 훈련된 평신도 사역자들이 많아지게 됐다. 이것이 교회의 큰 자랑이요 자산이다. 현재 활발하게 진행되고 있는 가정교회 사역도 짧은 기간이지만 좋은 결과들이 나타나는 이유는 훈련된 평신도 사역자들이 신실하게 가정교회를 이끌어가고 있기 때문이다. 릭 워렌의 말처럼 청중(군중)보다 경기 주자, 즉 핵심멤버가 많은 교회로 성장해가고 있는 것이다.[75]

화평교회는 계급이나 직분 중심이 아니다. 행사 중심의 교회도 아니다. 평신도가 이끌어 가는 교회이다. 평신도 사역자들이 심방을 하고 설교도 하고 주일 예배 대표기도도 한다.

화평교회 평신도 사역자들은 목회자와 똑같은 비전, 같은 목회철학을 가지고 동역자로서 주의 복음과 교회를 위해 헌신을 아끼지 않고 있다.

■ 모든 사역의 기초가 됨

화평교회가 제자훈련 사역에 힘쓴 결과 다른 사역도 좋은 결실을 가져오게 됐다. 제자훈련이 모든 사역의 기초가 되고 정착이 되어 교회는 나날이 발전하게 된 것이다. 예를 들면 화평교회가 실시하고 있는 양육반, 전도폭발, 부부성장반, 소그룹의 최고 환경인 가정교회 등이 잘 진행되는 이유는 제자훈련에 기초를 두었기 때문이다. 더군다나 훈련받은 사람 중심으로 바른 동기와 태도를 가지고 사역하기 때문에 교회 전체가 건실한 모습으로 성장해 가고 있다.

■ 바른 교회관 확립

제자훈련을 통하여 교회가 무엇이며 교회 사명이 무엇인가를 바로 알고 깨달음으로써 교회 체질이 바뀌고 목회자 자신도 변화되었으며 성도들도 교회를 진심으로 사랑하게 됐다. 아직도 교회당의 건물은 상가이지만 교회에 대한 긍지와 자부심은 큰 교회 못지 않다. 이것도 제자훈련 사역이 가져다 준 열매이다.

■ 교회의 영적 분위기

화평교회는 다양함과 통일성 속에서 평안함과 든든함을 유지하면서 변함 없이 성장해가고 있다. 전체 성도들이 협력하고 조화롭게 균형을 이루며 지금까지 건강을 유지해온 것은 바로 제자훈련 때문이다.

오늘날 교회가 왜 그리 말이 많고 시끄러운가? 왜 분열과 분화가 많은가? 분명히 사람 세우는 훈련을 하지 않기 때문이다. 화평교회의 영적 분위기는 제자훈련 사역으로 인해 이 땅에 심겨진 하나님 나라의 모습을 보는 듯하다. 훈련된 평신도 사역자들이 영적인 구심점을 이루고 있기 때문에 좌우로 흔들림 없고 어떤 유형의 사람들이 교회에 들어와도 그 좋은 영적 분위기에 흡수되는 것을 볼 수 있다. 교회가 새로운 사람들의 사상이나 신앙적 흐름에 주도되거나 흡수당하지 않는 것이다. 교회는 축제 분위기 속에서 늘 평안하다. 그 이유는 교회가 사람 세우는 본질적인 일에 충실하고 있기 때문이다.

■ **제자 사역을 하면서 어려웠던 점(제자 사역 장벽 넘기)**

제자훈련은 한 사람 한 사람이 변화되리라는 소망 가운데 인내와 확신이 필요한 사역이다.

① 자원과 경험과 인격훈련 부족으로 초기 몇 년은 어려움을 겪었다.

② 교회 안에 제자훈련에 대한 알레르기 반응을 일으키는 사람

제자훈련 자체에 대해 부담감을 갖거나 부정적인 사고로 가득 차 있는 사람으로 인하여 훈련받아야 할 사람이 받지 않아서 다른 사람에게 끼치는 악영향 때문에 스트레스를 받은 때가 있었다.

③ 제자훈련 받았어도 사역하지 않는 사람

가장 골치 아픈 사람들이다. 훈련받고 받은 은사대로 큰 공동체나 작은 공동체에서 섬기며 봉사하는 것이 바람직하나 그렇지 못한 사람이 있다. 그러나 가정교회 사역 이후에 이 갈등은 해결되었다.

④ 제자훈련을 받으면서 충실하지 못한 사람

이런 사람은 다른 훈련생에게 좋지 않은 영향을 준다. 개인적인 권면이나 지도를 통해 적극적으로 훈련에 임하게 한다.

⑤ 제자훈련 기간 중에 훈련자나 훈련생이 힘들어질 때

경건 훈련을 강조하고 분위기를 바꾼다. 예를 들면 Ice Break나 야유회, 수련회 등을 통하여 영적인 회복을 찾는다.

⑥ 제자훈련 받다가 중도에 포기하는 사람

다시 기회가 되면 훈련을 받게 하는 일, 훈련생끼리 지속적인 관계를 갖도록 유도하고 훈련자가 개인적으로 관심을 가져 주거나 제자훈련 받지 않아도 얼마든지 받은 은사대로 일할 수 있다는 자신감을 불어넣어준다.

화평교회에서는 특별한 경우를 제외하고 지도자반 과정을 마친 사람들에 한하여 평신도 사역자로서 가정교회의 지도자로 사역하는 것을 원칙으로 하고 있다. 그리고 지도자반 과정을 마친 사람들이 가정교회 사역을 하면서 지도자 자질 향상을 위한 계속적인 교육과 훈련을 받고 있다. 그래서 우리 교회 성도들은 사람 세우는 제자훈련반이나 지도자반 과정을 마치고, 가정교회 지도자로 세움을 입어 쓰임 받는 것을 최대의 영광으로 생각하고 있다.

9장 가정교회 사역이야기

New Paradigm of the Church

따스한 우리 가정교회

초대가정교회 총무 | 이선희

 98년은 잊을 수 없는 해였다. 비도 유난히 많이 내렸고 우리 가정은 눈물과 두려움의 한가운데 있었다. 그 해 여름 남편은 직장이 폐사되어 명동성당이며 서울역광장이며 농성장으로 밤을 지새우며 다녔고 울분 속에 지냈고, 나는 앞으로의 일이 걱정되어 아침마다 눈물이 흘렀다.
 이때 주님은 우리를 가정교회 지도자로 부르셨고, 처음에 우리는 적합하지 않다고 강하게 거부를 하였다. 하지만 맘 한가운데 '이 모습 이대로 쓰시렵니까? 하나님께서 쓰시겠다면….' 이런 순종의 마음과 두려움으로 가장총무수련회를 마치고 9월부터 사역을 시작하게 되었다. 마음속으로는 직장 없는 가장 총무 부부로 인하여 가원들이 불편해하지 않길 바라며, 우리는 새벽마다 무릎 꿇고 기도하며 이 일을 시작하였다. 사랑하시는 주님께서 우리를 인도하시는 모습을 가원 모두가 목도하기를 바라며, 또한 하나님께 누를 끼치지 않길 바라며, 직장 없이 우리는 시작하였다.

그러나 하나님 은혜 가운데 우리 부부는 직장을 갖게 되었고, 지난 3년 동안 사역하면서 물질적인 어려움으로 가원들을 섬기지 못하는 일은 없었다. 하나님께선 늘 채워주셨다. 한치의 착오도 없으신 하나님께서….

남편은 3년 동안 많이 변화했다. 한때는 직장인 가평에서 2시간 남짓 달려와 또 원당으로 1시간 달려가서 가정교회 섬기길 다하였다. 기쁨으로 가원들을 위하는 기도와 찬양이 늘고 모든 일을 하나님께 의지하는 모습으로 변화하였다. 하지만 지금 나는 직장, 가정, 총무 이런 일이 무척 힘들게 느껴질 때가 많다. 남편이 직장 관계로 먼저 가라 하면 원당으로 달려갈 일이 까마득하게 느껴진다. 퇴근하고 어르신 식사 드리고 설거지하고 서대문까지 택시 타고 3호선 전철로 갈아타고 허겁지겁 달려가다 보면 왜 이렇게 멀리서 섬겨야 하나 하는 불평이 저절로 나온다. 하지만 사랑하는 가원들의 모습을 뵈면 '그래 오길 잘했지' 하며 방금 전의 불평이 사라진다. 지금은 정다운 교회, 정다운 가정교회를 사모하며 멀다 않고 달려가게 된다. 좀더 가까이 가서 섬길 날이 오길 기대하면서….

처음 시작할 때 우리 가원들은 J집사님을 비롯하여 12명의 충성당원들이었다. 그러던 중 전도하고 하여 인원이 17명 이상이 되어 분가하였다. 충성당원이었던 집사님들이 다른 가정교회로 가셔서 파송된 선교사처럼 그 가정교회의 주춧돌이 되어 잘 섬기고 계시는 모습을 보면 참 아름답고 감사하다. 그리고 함께 가정교회에서 나눔을 가졌던 L집사님은 IMF로 인하여 시골집으로 가셨다가 다시 돌아오셨다. 다른 곳으로 가시지 않고 또 다시 화평교회로 돌아오셔서 우리와 다시 교제하게 되었을 때 얼마나 감사하던지. 또한 멀리 이사하셨다가 교회가 그리워 다시 가까이 돌아오신 C집사님을 뵐 때 우리의 만남과 나눔이 얼마나 소중한 것인지 깨닫고 감사하게 되었다. 우리 가정교회의 만남이 부담스러웠다면 이분들은 다시 돌아오지 않고 다른 곳으로 가셨으련만…. 이런 일로 인하여 우릴 만나게 하시고 지금까지 교제케 하시는 하나님께 감사 드린다.

그리고 우리 형제님 한 분은 가정교회를 통하여 처음 교회 나오시게 되었는데, 어찌나 가정교회를 사모하며 열심으로 나오시던지 집에 계신 부모님과 아내가 이단 교회에 빠진 것이 아니냐며 걱정을 했다. 그러나 어머니께서 화평교회를 방문하여 보시고 우릴 만나보신 뒤에는 누이동생도 그 교회 나가게 되었으면 좋겠다고 전도하라고 하셨다고 한다. 이 형제님은 훈련받는 데에 열정이 있으셔서 양육자반을 수료하고 지금은 제자반에 열심으로 참여하고 계시다. 이 분은 기도문을 늘 세 가지 이상 준비하고 다니신단다. 언제 무슨 기도를 시켜도 아주 멋있게 기도 드리고 싶어 기도문책을 사서 기도문을 준비하셨다며 지나치다 할 정도로 열심인 모습을 뵐 때 또한 마음이 기쁘다.

지금 함께하는 7명의 가원들은 새가족반, 양육자반, 제자반을 거치며 신실하게 성장하여 가고 있다. 나의 신앙과 비교해 볼 때 우리 가정교회 식구들의 성장 속도는 굉장히 빠르다. 10년 걸릴 믿음의 길을 3년 안에 다 마치는 기분이 든다. 화평교회 안의 훈련 프로그램을 통하여 바르게 양육되고 참으로 예수님의 제자로, 초대 교회의 성도의 모습으로 변화하는 모습이 아름답다.

아직도 여러 가지로 부족하지만 마음 따스하여 가원들을 이해해주고 위로해 주며 기도해주는 가장, 총무가 될 것을 다시 다짐해 본다. 세상의 어떤 만남과 같지 아니하고 주님 안의 형제요 자매로 만난 우리 가정교회 식구들, 더욱 더 서로가 서로를 사랑하며 위로하길 쉬지 않기 바라며, 또한 하나님 기뻐하시는 나눔의 장, 위로의 장으로, 이웃을 돌아보며 섬기며 복음을 전하는 교회가 되길 소원한다.

감사 또 감사!

은총가정교회 가장 | 박래백

화평교회에서 가정교회가 시작되기 전에 구역모임에 참석한 것은 손가락을 접어 셀 정도였다. 모임의 참관자로서 가까스로 아무런 준비 없이 그저 성경책만을 들고 참석했던 기억이 난다. 서로의 마음을 열지 못하고, 정확히 표현하면 서로를 잘 알지 못한 상태에서 계속되는 성경공부 위주의 모임은 변화보다는 부담스럽고 별 재미가 없는 것이었음을 고백하지 않을 수 없다.

그러나 가정교회에서 서로를 위한 기도와 섬김과 나눔을 통하여 주님 안에서 한 형제 자매임을 깨달았음을 너무 감사드린다. 교회가 예배의 장소이면서 교회 밖에서는 혼자로 돌아서지만 가정교회 안에서 지속적으로 돌봄이 있고, 깊은 교제가 있음이 참 좋다. 혼자가 아니고 항상 어려움을 함께 나눌 수 있는 가원과 가장, 총무가 있으니 얼마나 좋은가. 특히 초신자들은 편안한 가정교회를 통하여 교회 생활을 배우고, 기도하는 방법도 배우고, 서로의 교제와 나눔 가운데 성장하게 된다.

화평교회에서 가정교회가 시작될 때 마침 나는 힘들었던 부기장 생활을 마치고 항공사 기장으로 임명된 때라, 이제는 편안(?)하게 교회 생활, 직장 생활을 하려고 마음먹은 때였다. 그런데 어쩜 그렇게도 절묘하게 하나님께서는 담임목사님을 통하여 가정교회의 가장으로 부족한 나를 세우셨는지…. 가장으로 섬기면서 받은 은혜와 축복은 헤아릴 수 없는 것 같다.

먼저 하나님은 나를 기도하는 자녀로 만드셨다. 평생 나와 내 가족만을 위해서 기도하고 가끔 형식적으로 나라를 위해 기도했던 것이 전부였는데, 이제는 가원들을 위하여, 선교사님을 위해, 교회와 가정과 사회를 위해, 내 직장과 동료와 특별히 나를 핍박하는 사람을 위해 기도할 수 있게 된 것을 감사한다. 그리고 사랑하는 아내가 총무로 수고하면서 제자훈련을 받고, 새벽기도를 나가고, 섬기는 삶을 통하여 하나님의 자녀로 변화되었다는 것이 감사하다. 사랑하는 자녀 지은이, 지훈이를 위해 축복기도를 하며 하나님께 자녀를 맡기게 되었고, 하나님을 모르던 장인 어른, 처남, 그리고 친척들을 전도하여 하나님의 자녀 되게 하였으니 이 또한 하나님의 은혜가 아닌가?

물질의 관리자로서 청지기의 삶을 살아갈수록 하나님께서 풍성하게 물질을 채워주셨고, 기쁨으로 섬기고 대접할수록 하나님의 사랑이 더욱 더 넘쳐남을 경험하게 되었다. 평생 가난하게 살아온 우리 가정에

넓은 아파트도 주시고, 그곳을 주님께 드리는 예배의 장소로 사용하게 하셨으니 이 또한 하나님의 축복이다.

가장으로서 가정교회 부흥을 위한 계획과 비전이 있다면 튼튼한 가정교회, 건강한 가정교회를 위하여 지도자인 나 자신의 삶과 인격에 성령의 열매가 충만하길 원하는 것이다. 우리 주님처럼 사랑, 희락, 화평, 오래 참음, 자비, 양선, 충성, 온유, 그리고 절제가 충만하기를…. 그리하여 그리스도의 자녀로서 그 향기를 늘 발하고 싶다.

모든 가원들이 뜨겁게 사랑할 수 있도록 깊은 교제가 있는 가정교회가 되기를 원한다. 원망 없이 대접하는 은총가정교회 가원들이 되기를 원한다. 모든 가원의 인격이 주님처럼 멋지게 변화하며 하나님 나라와 그 의에 우선순위를 두는 가정교회가 되기를 기도한다. 가난하고 배고파하는 이웃에게 빵을 주고, 우유를 나누어 먹을 줄 아는 사랑의 가정교회가 되기를 기도한다. 또 주님께서 함께해 주시는 전도자의 사명을 나하는 가정교회가 되실 기도한다. 남편과 아내가 깊이 서로를 사랑하는 부부들이 있는 가정교회가 되었으면 참 좋겠다.

교회에 정을 붙일 수 있게 한 가정교회

은총가정교회 가원 | 김준동

가정교회에 참여하면서 제가 받은 은혜와 축복은 우선 신앙생활이 회복된 것입니다. 믿지 않는 아내와 결혼한 저에게 교회는 나만의 만족 대상이었고 아내에게는 또 다른 세상이었습니다. 어찌어찌해서 교회는 같이 가자고 했는데 교회에 정을 붙일 수 있는 기회를 제공하기는 막막했습니다. 그때 다가온 것이 가정교회였습니다. 인간적으로 다가온 가정교회의 총무는 맞벌이 생활을 하는 저희들의 심부름꾼이 되어주기도 했고 아내의 말동무가 되어 주기도 했습니다. 그 과정 속에서 아내는 신앙생활에 관심을 가지게 되었으며 저 또한 주님을 먼저 만난 자로서 모범을 보여야 했습니다. 요즘은 아내가 먼저 주일을 성수하자고 할 정도입니다.

저는 은총가정교회의 찬양담당을 맡고 있습니다. 가정교회를 위해 가장 혼자서 기도와 말씀, 찬양을 준비하는 것도 좋겠지만 서로가 소속감과 애정을 가질 수 있다는 점에서 분담사역은 중요하다고 봅니다. 제가 가정교회 식구들과 함께할 찬양을 준비하고 나면 가정교회 예배 시간이 기다려지는 것 같이 말입니다.

가정교회와 구역모임은 우선 어감에서 느껴지는 차이가 있습니다. 구역이라면 무엇인가 인위적이고 강압적인 느낌이 납니다. 마치 고양시 덕양구와 같은 행정구역이라든가 민간인 출입금지 같은 군사지역 정도의 개념까지는 아니더라도 사람 간의 관계를 강제적으로 분할해 놓은 권위적인 느낌을 지울 수가 없었습니다. 그러나 가정교회는 가정(Homo)이라는 원래의 의미가 가지는 것처럼 언어적인 측면에서 자연 발생적인 조직의 친근감이 느껴집니다.

둘째는 구성원의 차이입니다. 이전의 구역예배는 남성들은 남성들끼리 여성들은 여성들끼리의 조직으로 구성원 각자 가정의 문제라든가 내부적인 갈등을 부부가 동시에 해결할 수 있는 모임이 아니었습니다. 이로 인해 부부가 서로 상대방이 속한 구역모임에 대해 맹목적인 비판을 한 것도 사실입니다. 적어도 저의 경우는 그러했습니다.

그러나 가정교회를 실시하고 나서 좋은 점이 있는데 첫째, 부부생활의 활력입니다. 앞서 언급했듯이 가정 내, 특히 부부 간의 갈등을 해결할 만한 곳이 없었는데 가정교회는 그 역할을 하기에 충분하다고 생각됩니다. 때때로 부부 간의 감정이 좋지 않은 상태로 가정교회에 참석하는 경우도 있으나 가정교회 내에 우리와 같은 부부가 참석한 경우를 보거나 개인적인 대화를 나누는 가운데 문제를 해결 받을 때가 많습니다.

또한 각자의 속내를 다른 사람에게 드러낼 수 있다는 것입니다. 사람을 사귐에 있어 가장 친밀한 단계는 자기의 집을 남에게 드러내는 것입니다. 처음에는 가족도 아닌 사람을 집에 초대한다거나 집에서 음식을 함께 한다는 것이 거부감을 가지게 했고 부담감마저 들었습니다. 그러나 그러한 과정을 통해 삶의 방식과 인간적인 면을 볼 수 있어 무엇보다 좋습니다.

세 번째 모인 날

일산가정교회 가장 | 박미종

저녁 퇴근 시간 직원들 중에 가장 먼저 서둘러 퇴근을 했는데도 집에 도착하니 15분쯤 지각한 8시 15분. 오늘은 우리 일산가정교회가 새롭게 출범하고 세 번째 모이는 날, 이미 모든 가원들이 도착하여 식탁을 차리고 있었다. 황급히 인사하고 옷을 갈아입고 나오자 이진연 성도가 핸드폰 통화를 하더니 어렵게 이야기를 꺼냈다. 멀리 군산에 근무하는 남편이 갑자기 서울에 도착했다고 연락이 왔는데 지금 막 버스를 타고 능곡을 지나고 있다며 난감해했다. 모든 가원들이 일제히 얼른 만나서 모시고 와서 함께 식사하자고 권유하자 이진연 성도도 그렇게 해 보겠다면서 하선미 성도 차를 빌려 남편을 모시러 나갔다.

　기다렸다가 같이 식사하기에는 너무 지체될 것 같아 먼저 식사를 마친 우리는 처음 방문하시는 이진연 성도의 남편 강○○ 형제님 모시기에 초점을 맞추는 비상체제에 돌입했다. 총무를 중심으로 저녁식사를 따로 한 상 차려 준비하고, 가장은 준비한 모든 순서를 접어두고 강○○ 형제님을 편안하게 맞이하는 데 총력을 기울이기로 마음을 먹고 가원들도 긴장하며 기다렸다.

　벨소리에 일제히 나가서 반갑게 맞아들였고 간단한 인사 후 곧바로 식사를 대접했다. 두 분만 식사를 하게 해서 미안했지만 우리도 차를 나누며 강○○ 형제님에 초점을 맞추고 대화를 해나갔다. 처음에 들어오실 때 형제님은 표정이 많이 굳어 있었고 생산현장에서 힘들게 일하면서 검게 탄 얼굴로 인해 피로해 보이기도 했지만 모두들 밝은 얼굴로 진심으로 반갑게 대한 탓인지 식사를 하면서 차츰 표정이 풀어지는 것 같아 내심 안도했고 분위기도 편안해졌다. 나중에 가원들도 이야기했지만 조촐하나마 정성이 담긴 식사, 특히 보글보글 끓으며 진한 냄새를 풍긴 된장찌개가 그분의 긴장과 피로를 푸는 데 많은 도움이 되었던 것 같다. 물론 식사는 맛있게 다 드셨다.

　강○○ 형제님은 오늘 중장비를 수출선박에 실어내는 힘들고 중요한 일을 막 끝내고 아내를 보기 위해 먼길을 달려 온 참이었다. 몸도 무척 피곤한 상태였고 또 신앙생활도 하지 않는 분이라 낯선 집에서 초면의 사람들, 더구나 자기보다는 열 살에서 스무 살 이상 어린 사람들 앞에서 식사하며 대화하는 것이 무척 부담스러웠을 것이다. 그러나 나중에는 주로 혼자서 말씀을 해 나가셨다. 이진연 성도는 자신의 간청에 못 이겨 왔지만 말은 한 마디도 못할 거라고 했던 분이 너무 이야기를 잘 하시니까 신기하고 긴장된 표정으로 쳐다보며, 나중에는 그만 일어났으면 하는 눈치였다.

대화의 내용은 일터 이야기, 직장이 소재한 지역민들의 정서 등 신앙 이야기와는 거리가 있었지만 우리는 맞장구치며 경청했고, 이따금씩 교회와 관련된 부정적인 이야기가 나올 때는 신앙을 갖는 데 도움이 될 만한 말씀을 조심스럽게 드리는 정도였다. 박성익 성도가 자신도 신앙생활 초년생이라며 의외로 그분과의 대화를 잘 맞춰 나갔고 하선미 성도도 아버지와 남편의 초기 신앙 이야기로 적절히 응대해 주었다. 마침 박성익 성도와 고향이 아주 가까운 동네라 그분이 마음 문을 여는 데 일조를 해서 나중에 우리들끼리 남았을 때 하나님께서 그 형제님을 위해 박성익 성도님을 그곳에 태어나도록 예비하셨다며 웃기도 했다. 그렇게 한 시간 이상 대화를 나누다가 맏아들이 기다린다는 전화를 받고서야 두 분이 먼저 일어나셨는데 모두들 다음에 또 만나자며 정감 있게 인사하자 그분도 싫은 표정은 아니었으며, 가장은 형제님을 위해 많이 기도하겠다고 인사하며 전송했다.

자리에 앉아 시계를 보니 벌써 11시 15분전, 가원들에게 오늘 모임은 새로운 식구 한 분에게 초점을 맞추는 것으로도 값진 시간이었다고 양해를 구했고 모두들 기쁜 마음으로 이해하는 표정이었지만 아쉬움이 남아 잠깐이나마 나눔의 시간을 갖고 헤어지기로 했다.

박성익 성도는 요즘 기도를 어떻게 잘할까 궁리하다가 기도문을 작성해서 아내에게 읽어주기도 하며 연습을 하고 있다고 했다. 기도의 내용은 자신들을 위한 기도문을 쓰기에는 어딘가 몰염치한 것 같아서 집중호우로 피해를 겪는 수재민을 위한 기도 같은 것이라며 쑥스러워했다. 기도문을 써가며 기도 연습을 한다는 사실도 그렇고, 오래 믿은 우리도 자신을 위한 기도가 우선인데 이웃을 위한 기도가 먼저라는 사실도 우리를 감탄시키기에 충분했다. 그러나 우리가 몰염치하고 나약한 존재임을 너무나 잘 아시는 주님께서는 우리 자신의 필요를 간구해도 들어주신다는 말에 이경희 성도는 처음으로 하나뿐인 중학생 딸의 장래를 위한 기도를 부탁했다. 하서미 성도는 이번 달 17일에 남편이 싱가포르로부터 귀국이 확정되었고 그의 앞길이 주님이 기뻐하시는 길로 인도되도록 기도부탁을 했다. 총무 추진희 집사도 친정 부모님의 믿음 성장을 위해서, 가장도 새롭게 맡게된 목회자가정 교회세미나 준비위원을 잘 감당하도록 기도 부탁을 했다. 시간상 성경공부는 교재를 나누어주고 각자 집에서 공부하기로 했다.

처음으로 선교헌금을 드렸다. 선교헌금의 취지를 다시 한 번 설명했고 헌금 금액을 얼마로 해야 하는지 궁금해하는 박성익 성도 부부에게는 가장이 자신의 전반적인 헌금생활과 함께 가정교회 헌금은 이렇게 드린다며 솔직히 이야기해 주었다. 선교와 회계를 담당하기로 한 하서미 성도에게 헌금의 관리를 부탁했다.

오늘 모임은 처음 방문했던 강○○ 형제님을 위해서도 꼭 필요했고, 서로의 기도제목을 나누었으니 특별히 합심해서 기도하자고 했고 가장이 기도하는 것으로 마무리했다. 잠깐 나누기로 했는데 헤어질 무렵에는 밤 12시가 다 되어 있었다. 멀리 가야하는 박성익 성도 부부를 비롯한 가원들의 피곤을 염려하며 모레 주일날 교회에서 보자며 아쉽게 헤어졌다. 벌써부터 기다려지는 다음 모임에 대한 기대감을 안고 식사준비로 땀흘린 총무의 등을 두드리며 엘리베이터에 올랐다.

월, 화, 수, 목, 금 매일 만났던 우리들

그리심가정교회 가장 | 원종구

교회 직분자들의 대부분이 목사님의 권유에 의해 사역을 감당하듯이 저도 남자 구역장으로 구역 모임을 인도해 왔습니다. 그러던 차에 목사님께서 가정교회에 대한 비전을 제시하시자 저는 별 생각 없이 전에 인도했던 대로하면 되겠지 하고 시작을 했는데 주일 오후마다 가장 모임과 목사님의 말씀을 통해서 구역과 가정교회의 다른 점을 분명하게 알 수 있었기에 고민과 갈등을 많이 했습니다. 일방적인 인도가 아니라 개척 교회의 목회자 심정으로 가정교회 가원들을 섬기고 돌봐야 하는 것에 솔직히 자신이 없었기 때문입니다. 그러나 어느새 3년이 지나 가원들을 통해 인내와 사랑을 배우고 가족이라는 공동체 속에서 많은 힘을 얻는 나 자신을 발견하게 됩니다.

저는 지금 세 번째 가정교회의 가장을 맡고 있습니다. 여섯 가정과 한 분의 남자 가원으로 구성되어 매주 목요일 오후 7시 30분에 모여서 10시 30분 정도에 헤어집니다. 처음에는 남자 분들이 대부분 참석하지 않아 고민하던 차에 가정교회 모임과는 별도로 부부 중심으로 식사모임을 여러 번 갖고 예의상으로라도 가정교회 모임에 참석해 달라고 부탁을 했습니다. 하지만 남자 분들이 마지못해 몇 번 참석한 뒤, 다음부터는 부탁도 연락도 하지 말라고 말할 때에는 답답함을 금할 수가 없었습니다.

약 2개월이 지난 후 1박 2일 가정교회 수련회를 준비하면서 가원들에게 단합을 요구했습니다. 2주간 기도로 준비하면서 계획을 세웠을 때 하나님께서는 우리의 계획보다도 더 많고 좋은 것으로 채워주시고 인도해 나가셨습니다. 그러나 결코 순탄한 것만은 아니었습니다. 한 가정이 출발 이틀 전에 이사를 해야 했고, 또 떠나기 하루 전에는 한 가정이 부부싸움으로 인해 도저히 갈 수 없다고 했습니다. 저는 일단 가원들에게 전화를 해서 있는 처소에서 기도를 부탁했고 한편으로는 그 가원들과 저녁식사를 하자고 약속했습니다(남편과 아내에게 따로따로 연락해서 모였음). 그분들은 화해했고 6가정 모두가 수련회를 떠났습니다.

비록 짧은 일정이었지만 가원들이 많이 친해졌고 교제가 풍부해져 감사와 찬양이 저절로 나왔습니다. 저희 가정교회 식구들은 자주 만나며 교제를 나눴습니다. 어떤 주간에는 토요일만 빼고 매일 만난 적도 있었습니다. 식사와 운동과 교제를 통해 서서히 변화되는 모습에서 하나님께 감사를 드리지 않을 수 없었습니다. 그 후에도 제주도로 2박 3일 함께 수련회를 다녀오면서 다시 한 번 가족이라는 것을 절실히 느꼈습니다.

그러나 늘 기쁨과 은혜만 있는 것은 아니었습니다. 남자 가원들의 신앙 수준이 거의 비슷하기 때문에 잘 조화가 되는 것 같기도 하지만 때로는 갑자기 모이지도 않고 연락도 되지 않아 그 아내에게까지 영향을 끼쳐 어려울 때가 가끔 있습니다. 그럴 때마다 속이 상하고, 또 달래줘야 하나 하며 불평과 원망도 합니다.

한번은 가정불화로 인해 며칠 동안 연락이 되지 않고 피하기만 하던 가원을 퇴근 시간 10분 전에 직장으로 찾아가 만났습니다. 그 날도 다른 사람들과 약속을 하고 집에 늦게 들어갈 상황이었는데 그 약속을 취소하고 저와 함께 5시간 동안 식사를 했습니다. 그 가원과 교제를 하면서 그의 입장과 상황을 더욱 깊이 이해하게 되었고, 내가 권면하였을 때 아내와 화해하겠다고 하는 것을 보고 하나님께 감사의 기도를 드렸습니다. 교회에는 출석하지 않아 아쉽지만 가정교회 모임에는 거의 빠지지 않고 참석하는 한 가원이 있습니다. 그 가원의 표현을 빌리자면 가정의 평화를 위해서라고 하지만, 찬송도 열심히 따라하고 어떻게 하던지 참석하려고 하는 모습에서, 그리고 가원들과 교제하는 모습에서 이제 머지 않아 교회에도 출석하게 되고 변화되리라고 확신합니다.

주일 오후 가장총무모임의 그룹별 나눔 시간에는 다른 분들과 교제하는 가운데 같은 문제점, 고민, 갈등, 어려움을 함께 느끼며 서로 격려하고 위로를 얻습니다. 저는 가원들을 말씀이나 훈련으로 양육시키지는 못합니다. 그러기에 그분들이 훈련과 교육을 받을 수 있도록 동기 부여를 하고 있습니다. 그러면서 저는 가원들에게 꼭 이 말씀을 드립니다. '여러분이 가정교회의 가장이 되었을 때 여러분의 기억에 남는 가장이었으면 좋겠습니다' 라고….

우리 가원들은 이번에 남자 세 분과 여자 세 분이 새가족반, 양육반을 거쳐 제자훈련에 임하고 있습니다. 저는 이 분들이 한 사람도 낙오 없이 양육되어서 주님이 원하시는 신실한 일꾼들로 쓰임 받기를 기도하고 있습니다. 저는 늘 부족함을 느끼며 삽니다. 하지만 하나님께서 쓰시고자 할 때에 변함 없이 청지기의 자세로 맡겨진 사명을 감당하며 나아갈 것입니다.

카타르시스 - 동역자 의식

교역자가정교회 가원 | 김영신

결혼하기 전에 인도네시아에서 사역하고 계시던 선교사님으로부터 제자훈련을 받았는데 이때부터 내 인생의 목표는 제자훈련의 삶이었고 배우자를 선택하는 우선순위도 같은 목표를 가진 사람이었다. 그것은 결혼 후에도 변함이 없었으며 교회를 정하는 데 있어서도 가장 중요하게 생각하는 부분이었다. 그리고 하나님의 인도하심으로 화평교회에서 교역자 부부로 편성된 교역자가정교회에 참석하면서 가정교회를 처음으로 접하게 되었다.

결혼 전에는 주님을 위해 살겠다는 뜨거운 열정이 있었지만 막상 사모의 위치에 서게 되니 외롭고 소외된 자리였다. 그저 조용히 예배만 참석할 뿐 특별히 삶을 나누며 함께 교제할 수 있는 사람이 없었다. 성도들과 함께 예배에는 드렸지만 뚜렷하게 소속된 곳이 없었고, 속사정을 함께 털어놓으며 교제할 수 있는 장이 없었기 때문에 영적으로 늘 갈급했다. 많은 사람들 가운데 파묻혀 있었기 때문에 어쩌면 조용히 교회생활 하기에는 편안한 때도 있었지만 자기관리와 균형 잡힌 신앙생활을 하는 게 힘이 들었다. 그래서 나 자신에 대한 정체감의 위기에 빠지곤 했다.

그런데 교역자가정교회에 참석하면서부터 이러한 고민들이 해결되었다. 일주일에 한 번 모이다가 시간관계상 한 달에 한 번 모이기는 하지만 그 동안에 있었던 모든 삶을 나누는 그 시간이 어느 시간보다 더 기다려진다. 가정교회를 통하여 같은 길을 걸어가는 목회자 부부간에 비전을 함께 나누며 깊은 공감대를 형성하게 되었고 동역자 의식을 한층 더 갖게 되었다.

　전에 섬기던 교회에서는 부교역자 아내가 목회자들과 함께할 수 있는 자리는 1년에 한두 차례, 회식 때문에 모이는 시간이 전부였다. 그리고 부교역자 아내로서 담임목사님을 대하는 것이 불편했고 자리를 같이하며 삶을 나눈다는 것은 거의 불가능한 일이었다. 그러나 교역자가정교회에서는 이러한 벽을 넘어 스스럼 없이 말하고 대화할 수 있는 분위기가 조성되어 있기 때문에 자신의 속마음을 솔직하게 털어놓게 된다. 목회자의 내조자이기 전에 한 남편의 아내로서 갖는 불만 보따리(?)를 풀어놓는 것만으로도 카타르시스를 경험하게 된다.

　또한 사소한 일로 다투며 부부싸움을 한 내용을 들려주는 다른 목회자 가정의 이야기를 들으며 위로를 받은 적도 있다. 진지할 때는 한없이 진지하고 때로는 박장대소하며 웃음을 터뜨리는 화기애애한 분위기가 자연스럽게 연출되기도 한다. 목회자 부부가 함께 모여 식탁교제도 하고 깊이 있는 삶을 나누다보면 어느덧 한 가족 같은 느낌이 든다. 이 모든 것들이 화평교회 교역자가정교회에서만 누릴 수 있는 복이다. 이러한 나눔과 교제를 중요시하는 교역자가정교회에 참석하면서 처음 제자훈련 받을 때 흥분했던 그 감동을 다시 느끼게 되었다.

　이 시대의 한국 교회가 뚜렷한 목표와 방향을 정하지 못하고 표류하는 모습을 보며 안타까움을 느낀다. 이러한 때에 제자훈련과 가정교회 사역을 두 기둥으로 삼고 본질에 충실하며 나아가고 있는 건강한 화평교회로 인도하신 주님께 감사 드린다.

이 사역 감당 못하겠습니다. 그러나…

믿음가정교회 가장 | 이희정

가정교회가 처음 시작되었을 때 목사님께서 '개척교회를 세운다' 라는 마음가짐으로 시작하라고 말씀하셨습니다. 그때 저는 믿지 않는 남편을 가진 여성도들과 낮에 모여 예배를 드리고 있었기 때문에 전의 구역예배와 별반 다르지 않다고 생각했고 그래서 목사님의 그 말씀은 나에게 하시는 말씀이 아닌 것으로 생각해 실감이 나지 않았습니다.

목사님은 믿음가정교회라는 이름을 지어주셨고 그 이름으로 처음 모인 가정교회는 참으로 연약했습니다. 가원들은 겨우 두세 명에 불과했고 교제도 되지 않아서 분위기는 언제나 어색하고 불편했습니다. 그렇게 두세 달이 지나도 가원은 늘지 않고 그나마 참석하던 가원도 자주 결석을 하며 가정교회에 적응하지 못했습니다. 그때 가장으로서 실족해서 이 사역 감당 못하겠다고 목사님께 여러 번 말씀도 드렸습니다. 가장의 영성이 부족하고 기도도 부족하고 자질도 없고 능력도 없어서 가정교회가 발전하지 못하고 후퇴만을 거듭하고 있다고 자책하고 있었기 때문입니다.

그러나 이런 모든 것을 이제는 부질없는 과거로 웃으며 떠올릴 수 있게 되었습니다. 이만큼 성장하고 발전한 우리 가정교회의 현주소가 초대 예루살렘 교회의 모습을 많이 닮아 있기 때문이죠. 우선 적극적으로 참석하는 가원이 8명에 아이들까지 하면 12명 정도로, 모이면 항상 산만하고 시끌시끌 떠들썩합니다. 처음에는 예배에 지장이 있고 진지한 예배를 드리지 못하는 것에 고민했지만 지금은 가원들 모두

그 분위기에 익숙해져, 이것이 우리가정교회의 특징이고 또한 장점일 수 있다고 생각을 바꿨습니다. 그렇게 한주 한주 지나고 친교가 이루어지면서 사랑과 나눔이 싹트고 이제는 한 가족이라는 의식의 열매를 맺게 되었습니다. 저희 믿음가정교회는 처음 신앙생활을 하는 초신자가 많아서 배움의 의지가 왕성합니다. 그래서 새가족반, 양육반, 제자반 등 교회에서 제공하는 훈련 프로그램에 참여해서 열심히 훈련을 받으며 성장해가고 있습니다.

새가족이 새로 들어오면 기존의 가원들이 제일 먼저 이 훈련 프로그램들을 소개하고 자랑하며 본인들의 경험담을 생생하게 들려주고 새가족에게 배워야 산다는 강한 의지와 도전을 품게 합니다. 또한 구역예배에선 찾아볼 수 없는 찬양담당, 선교헌금담당, 친교담당, 총무 등 개개인의 은사에 맞는 사역이 있고 그래서 책임감을 갖고 결석하지 않으려고 노력합니다. 가장 혼자 힘겹게 예배를 이끌어 가는 것이 아니라 가원들 모두 가정교회 예배에 주인의식을 가지고 적극 참여하는 것이죠.

초신자의 미숙했던 신앙으로 출발했던 우리 가원들이 이제는 사랑과 섬김을 알게되고 성도들과의 교제가 활발한, 적응력 있는 신앙인으로 자라가는 모습을 보면서 얼마나 기쁘고 감사한지요. 이제는 가정교회가 저의 소중한 안식처가 되고 있습니다. 고민이 있을 때, 마음이 불편하고 속상할 때, 기도가 필요할 때, 언제든지 달려갈 그곳이 있습니다. 두려움과 부담을 갖고 가장의 사역을 마지못해 시작했던 저를 지금 이곳까지 인도해주시고 가정교회 예배를 통해, 가원들과의 사랑이 넘치는 교제를 통해 이만큼 변화시켜 주신 하나님께 감사 드립니다.

먼저 맛있는 저녁을 주시고

늘푸른가정교회 가원 | 이상구

가정교회 나오기 전의 제 생활은 한 마디로 형편없었습니다. 자영업을 하다보니 출근 시간도 제대로 지키지 못했고 또한 퇴근 시간도 어떤 날은 10시, 어떤 날은 12시, 밤을 지새우고 아침에 들어오는 날도 많았습니다. 그러고도 집사람이 뭐라고 하면 경제적인 문제만 어느 정도 책임져 주면 남편 역할을 다 한 줄 알고, '내가 할 일 다하고 놀다 오는데 무슨 말이 그렇게 많으냐?'고 오히려 큰소리치기 일쑤였습니다.

지금 생각해 보면 그때 그 말과 행동이 얼마나 잘못된 행동이었는지 후회스럽습니다. 지금 제가 그때의 일들을 후회하고 반성할 수 있는 것은 늘푸른가정교회가 있었기 때문입니다. 가장님과 총무님, 여러 가원님들 모두가 정말 저에게는 구세주였습니다. 만날 때마다 관심을 가져 주시고 제가 정말 사랑을 느낄 정도로 잘해 주셨습니다. 그 때부터 이런 생활이 하나님을 믿는 분들의 삶이구나 하고 느꼈습니다. 그 느낌을 받은 후부터는 주일 낮 예배는 빠져도 가정교회 모임은 빠지고 싶은 생각이 전혀 들지 않았습니다. 꼭 참석하고 싶어서 평소보다 가게문을 한 시간씩 일찍 닫고 참석했습니다.

모임에 참석해 보면 제일 먼저 맛있는 저녁을 주시고, 식사 후에는 제가 알지 못했던 하나님 말씀에 대하여 가장님께서 자세히 가르쳐 주시고 또 일주일간 서로가 살아온 삶에 대하여 거짓없이 이야기꽃을 피우죠. 또 서로의 바램을 나누고 이루어지도록 기도해주죠. 제가 어떻게 그 아름다운 시간에 빠질 수 있겠습니까? 정말 백번 천번 생각해봐도 우리 늘푸른가정교회 가원이 되기를 정말 잘했다고 생각합니다. 이제 정말 하나님이 계시다는 것을 알았고 저를 구원해 주신 예수님을 믿고 하나님께 감사드리며 믿음의 식구로서 이웃에게 본이 되는 삶을 살아가겠습니다.

New Paradigm of the Church

10장
당신의 교회를 향한 하나님의 비전

> 교회가 그리스도의 몸이요, 머리 되심을 인정한다면 본래의 모습인 초대 교회로 돌아가야 한다.
> 이제 목회자들은 그리스도께서 하신 사역이며 주님이 부탁하신 사람(제자) 세우는 일과
> 평신도들에게 사역할 수 있는 현장을 제공하는 일, 그리고 하나님 나라 백성 된 성도 간에 깊은 나눔과 섬김으로
> 아름다운 공동체를 만들어 가는 일에 전념해야 한다.

교회가 평신도를 훈련해서 사역자로 세우지 않는 한, 사역에서 어떠한 열매도 기대할 수 없다. 뿐만 아니라 평신도들이 봉사를 한다 해도 바른 동기와 태도를 가지고 할 수 없다. 제자훈련은 평신도를 사역자로 세우는 훈련이다. 예수를 믿어 그를 따르는 제자가 되었으니 참 제자로서의 풍성한 삶을 누려야 하고 더 나아가 또 다른 이들을 그렇게 만들 수 있는 역량 있는 사람으로 훈련하고 성숙시키는 사역이 바로 제자훈련인 것이다. 그러므로 이것은 목회사역의 본질이라 할 수 있다. 그러나 오늘날 교회는 '제자 만들라'는 그리스도의 지상

명령을 무시하고 있다.[76] 그 결과 한국 교회는 표류하고 있으며 성숙한 주의 제자들은 보기 힘들고 성장이 둔화되어 가고 있는 것이다.

예수 그리스도와 그의 제자들이 했던 주된 사역이 무엇이었던가? 사람 세우는 제자훈련이었다. 그럼에도 불구하고 많은 목회자들이 사람 세우는 본질적인 일을 외면한 채 비본질적인 것에 매달리고 있다. 혹 제자훈련을 한다 해도 교회의 일개 프로그램이나 사역의 테크닉 정도로 생각한다. 그 결과로 오늘날 현대 교회 안에 잠자는 평신도들이 얼마나 많은가? 루터는 종교개혁을 통하여 '만인제사장직'을 제창했지만 거의 대부분 관람객으로 전락해버린 것이 오늘 한국 교회의 현실이다. 사역하는 평신도들은 소수에 불과하다. 대부분의 성도들은 아무런 목적의식 없이 그저 교회에 다닐 뿐이다.

이제 한국 교회는 평신도들을 훈련시켜서 사역을 그들의 몫으로 돌려야 한다. 오직 목회자는 평신도들을 예수의 제자로 만드는 일에 전념해야 한다. 이렇게 해야 모든 평신도들이 교회가 그리스도의 몸이요, 유기체임을 체험할 수 있을 것이다.

이상적인 공동체

사람 세우는 제자훈련 사역이 중요한 만큼 훈련받은 사람이 마음껏 사역할 수 있는 현장도 중요하다. 바로 그 현장이 가정교회이다. 가정교회는 훈련받은 사역자들이 자신의 역량을 최대한 발휘하며 일할 수 있는 최고의 환경이다. 그뿐만 아니라 가정교회는 온 가원들이 함께 살며 배우며 자랄 수 있는 분위기를 갖고 있다. 하나님이 자기 백성들에게 원하시는 하나 됨을 체험할 수 있는 이상적인 공동체인 것이다. 무슨 사역을 한다 해도 성경에 기초하지 않은 사역은 의미가 없을 뿐 아니라 오래 지속할 수도 없다. 바로 가정교회 사역은 역사상 가장 이상적인 모델인 초대 교회의 모습이다.

교회의 건강 여부를 알아보려면 초대 교회의 모습에 비추어 보아야 한다. 오늘날 전통적인 교회는 신약 교회를 무시하고 있다. 그러므로 기초 공동체 된 가정교회에 주시는 하나님의 놀라운 은혜들을 경험하지 못하고 있는 것이다.[77]

제자훈련과 가정교회

오늘날의 교회의 가장 큰 문제는 극단으로 흐르고 있는 현상들이다. 본질도 아닌 어떤 지엽적인 프로그램이나 방법론을 가지고 한쪽으로만 치우쳐 균형을 잃은 교회의 모습을 많이 보게 된다. 또한 본질적인 사역이라 할지라도 한 부분만 강조된다면 기형적인 교회의 모습이 나타나게 된다. 윌리암 벡헴이 말한 것처럼 양 날개(큰 날개, 작은 날개)가 균형을 이룰 때 건강한 교회가 될 수 있는 것이다.[78]

제자훈련과 가정교회는 유기적인 관계로서 목회 본질에 속하는 사역이다. 제자훈련 사역은 모든 사역의 원천이며 근본이며 바탕이 된다. 그리고 가정교회는 훈련된 사람이 마음껏 일할 수 있도록 사역현장을 제공할 뿐 아니라, 이 시대 하나님께서 원하시는 아름답고 이상적인 교회의 모델이다.

어떤 교회들은 성도를 교육하고 훈련하는 일을 열심히 한다. 너무나 바람직한 일이다. 그러나 그 후에는 어떻게 할 것인가? 훈련된 평신도들을 지도자로 세우고 사역을 위임하는 것은 너무도 중요한 일이다.

　나는 제자훈련과 가정교회, 가정교회와 제자훈련을 목회의 두 기둥으로 삼고 목회의 길을 찾았다. 그 결과 제자훈련이란 든든한 기초 위에 가정교회를 꽃피울 수 있었으며, 큰 공동체인 화평교회는 생명력이 넘쳐나는 건강한 교회로 새롭게 태어날 수 있었다. 화평교회는 한마디로 '제자훈련에 기초한 가정교회, 가정교회에 기초한 화평교회'라고 특징지을 수 있다.

　목회 사역의 주된 관심은 계획이나 프로그램이 아니라 '사람'이라는 사실이다. 이제 한국 교회가 건강하고 새로워지기 위해서는 조직과 제도 중심인 전통적인 교회 구조를 바꾸어야 한다. 교회가 그리스도의 몸이요, 머리 되심을 인정한다면 본래의 모습인 초대 교회로 돌아가야 한다. 이제 목회자들은 그리스도께서 하신 사역이며 주님이 부탁하신 사람(제자) 세우는 일과 평신도들에게 사역할 수 있는 현장을 제공하는 일, 그리고 하나님 나라 백성 된 성도 간에 깊은 나눔과 섬김으로 아름다운 공동체를 만들어 가는 일에 전념해야 한다. 그레그 옥덴(Greg Ogden)은 "목사 혼자 무대 위에서 연기하지 말고 청중석에 앉아 있는 평신도들을 끌어올려 무대 위의 연기자로 세우는 일에 목회의 에너지를 투자해야 한다"[79]고 강조하고 있다.

　바로 제자훈련과 가정교회 사역이야말로 구경만 하고 있는 평신도들을 그리스도의 몸으로 함께 살도록 구비해 무대로 끌어올리는 사역이다. 이러한 사역에 교회가 힘쓸 때 질적, 양적으로 부흥하며 건강한 교회로 거듭날 수 있을 것이다. 바로 가장 성경적이고 신학적인 기반이 확실한 두 가지 사역 즉, 제자훈련과 가정교회 사역은 침체된 한국 교회를 살리며 하나님 나라를 확장시킬 최고의 목회본질이며 전략인 것이다.

목회의 갱신은 방법론에서 일어나는 것이 아니라 패러다임의 변화에서 시작된다. 지금은 목회자의 결단이 요구되는 시기다. 이제는 평신도와 함께 동역하며 그들이 장성한 분량까지 성장할 수 있도록 돕는 리더십이 필요하다. 이 땅에 있는 하나님의 교회들이 그리스도께서 교회에 위임하신 제자 사역과 이상적 소그룹인 가정교회 사역을 잘 감당함으로써 주의 몸 된 교회가 생명력 넘치는 교회가 되기를 소원한다.

글을 마무리하면서

21세기를 맞이하여 한국 교회가 셀목회에 큰 관심을 보이고 있는 현상은 매우 고무적인 일이다. 그러나 사람이 훈련되지 않는 한 셀(cell) 사역은 결코 건강하게 이루어질 수 없다. 사람을 훈련시켜 그리스도의 제자로 세우는 사역은 가정교회(혹은 cell)를 이루는 초석이 되기 때문이다.

나는 제자 사역과 가정교회 사역을 목회의 두 기둥으로, 큰 공동체인 화평교회와 작은 공동체인 가정교회를 두 날개로 생각하고 힘차게 계속 순례자 목회여행을 계속 하려고 한다. 매달, 매년 무슨 사역을 할까 무슨 프로그램을 도입해서 목회할까 염려가 되지 않는다. 그 이유는 두 가지 사역이 목회의 본질이라는 확신 때문이다. 여기에 목회의 생명이 있다.

더 나아가 이 사역의 풍성한 열매 때문이다. 나는 이 사역을 하면서 목회의 많은 행복과 보람을 느낀다. 큰 공동체인 화평교회와 작은 기초 공동체인 가정교회를 서로 독립적이며 보완적, 유기적인 관계로 삼고 주님이 허락하시는 그 날까지 변함없이 이 사역에 전념하고 싶다.

아울러 한국 교회의 목회자들이 제자 사역과 가정교회 사역을 통하여 주님이 기뻐하시는 건강한 교회를 세워 나가기를 참으로 소원한다.

부록

<부록 1> 가정교회 준비일정(3개월)

날짜	일정
6. 8	가정교회 비전세미나
7. 16~17	가장(총무) 수련회
7. 20~8. 20	가정교회 지도자(가장 총무) 특별기도주간
7. 26	가정교회 가장 소개 및 가정교회 선택을 위한 유인물 배부
8. 2~9	가정교회 가장 선택 신청 접수
8. 21	가정교회를 위한 전 교인 기도회
8. 23	가정교회 편성표 배부 및 파송예배
8. 30	가정교회별 모임
9. 5	가정교회 시작

<부록 2> 가정교회 준비에 관한 자료

이 글들은 가정교회 사역을 준비하면서 담임목사가 성도들에게 하고 싶은 말이나 앞으로의 계획을 그때그때 주보를 통해 전달한 내용이다.

1. 가정교회 실시에 따른 변경사항(1998. 6. 2)

9월부터 가정교회 실시와 더불어 기존의 부서나 예배 시간, 그리고 훈련 프로그램 등을 조정합니다. 먼저 주일예배 시간이 1부 7시 30분에서 10시 30분으로, 2부 11시에서 12시로, 오후 찬양예배 시간이 없어지고 그 시간에 가장들의 훈련이 있으며 수요집회가 주일오후 찬양예배의 성격으로 바뀝니다. 유·초등부 예배도 장년부 주일예배 시간과 동시에(10시 30분, 12시) 드릴 계획이나 교육관이 충분히 준비되기까지는 9시와 10시 30분에 드리게 됩니다. 남전도회나 여전도회 각 기관도 현재 조직은 전면 폐지하고 여전도회 모두를 통합하여 한 기관을 만들어 전체적인 교제나 봉사가 필요할 시만 소집하여 활동하게 됩니다(남전도회도 마찬가지임). 제직회 각 부서도 없어짐과 동시에 교인 모두 누구나 자원하여 봉사할 수 있는 봉사그룹에 가입하여 실제적인 사역을 할 수 있게 하려고 합니다(봉사그룹에 대한 유인물은 추후 배부 예정). 기존의 훈련 및 교육 프로그램(새가족반, 양육반, 제자훈련반, 부부성장반, 전도폭발훈련반, 지도자반 등)은 거의 대부분 그대로 진행됩니다.

각종 회의는 주일에 하지 않고 평일에 하게 되고 금요기도회 대신 매일 저녁기도회가 있어 새벽이든 저녁이든 원하는 기도시간에 함께 나와 기도할 수 있습니다. 이처럼 각 기관이나 시간, 프로그램 등을 변경하는 이유는 첫째, 가정교회를 효과적으로 하기 위해서입니다. 즉, 최선의 것을 위하여 차선의 것을 없애거나 줄이는 것입니다. 둘째는 기존의 유명무실한 부서들을 과감히 없애고 교회의 목적에 맞게 앞으로 나아가기 위함입니다. 그러므로 성도 여러분께서는 그리스도 예수 안에서 한 몸 의식을 가지고 각 집회에 적극 참여하시고 더욱 열심히 배우는 일과 섬기는 일에 힘쓰시기 바랍니다.

2. 가정교회 비전 세미나를 마치고(1998. 6. 14)

세미나를 마친 후 구역과 기관의 지도자들의 반응을 살펴볼 때 크게 두 가지로 나타났습니다. 첫째는 가정교회가 대단히 좋겠다는 생각을 하지만 평신도지도자에게는 대단한 헌신과 수고가 따른다는 것을 인하여 걱정들을 많이 하는 것 같았고 두 번째는 아직 가정교회에 대한 비전을 제대로 인식하지 못함에서 오는 소극적인 반응이었습니다. 그래서 저는 앞으로 메시지나 기도회, 각종 모임 등 기회가 되는 대로 소그룹의 필요성과 가정교회의 중요성에 대해 이야기하려고 합니다. 화평교회 성도 모두가 그리스도 안에 한 공동체로서 같은 비전을 품고 같은 방향으로 나아가는 것은 참으로 중요하고 아름다운 일이기 때문입니다.

가정교회가 성경적으로 이상적인 아름다운 교회 모습임을 발견했을 때 저는 너무 기쁘고 좋아서 어쩔 줄 몰라 했고 그 동안 목회사역을 하면서 고민하던 문제가 해결 받는 느낌을 받았습니다. 그래서 저는 가정교회를 세우는 일을 위해서는 어떠한 고생과 수고도 아끼지 않아야겠다고 결심하면서 기도해왔습니다. 지금 우리 교회 정도의 규모만 돼도 성도 간에 서로 잘 알지 못합니다. 또 영적으로 깊이 있게 돌보거나 삶을 함께 나눔으로써 사랑과 섬김을 실천하는 바람직한 성도의 교제를 제대로 누리는 숫자는 전체 교인에 비해 너무 적은 것 같습니다.

이제 가정교회가 잘 정착이 되면 이런 면에서도 놀라운 변화가 있으리라 기대가 됩니다. 현재 나의 마음속에 품고 있는 화평교회의 비전을 글이나 그림으로 충분히 표현할 수 있다면 얼마나 좋을까 하는 생각을 많이 합니다. 저는 주님이 주시는 지혜와 능력으로 화평의 성도들과 함께 하나님이 기뻐하시는 건강한 교회를 이루고 싶고 교회를 통해 이 땅의 사람들이 하나님 나라를 충만히 경험할 수 있는 화평교회를 세워나가고 싶습니다. 이 귀한 일을 앞에 두고 성도 여러분에게 기도를 부탁합니다. 어느 때보다도 저에게는 성도들의 기도가 필요한 때입니다. 이렇게 기도해 주십시오. "브리스길라와 아굴라 같은 충성스런 가정교회 지도자 30명을 세워 주소서".

3. 가정교회란?(1998. 6. 21)

화평교회 비전 세미나 후 성도님들 중에 가정교회가 무엇인지 잘 몰라서 궁금해하시는 분들이 많은 것 같습니다. 우리 교회에서 9월쯤부터 시작하고자 하는 가정교회는 현재 우리 교회가 실시하고 있는 구역성경공부(구역모임)의 형태와 비슷하나 내용 면에서는 다른 점이 많이 있는 소그룹 관계중심의 공동체입니다. 교회에서 평신도들을 지도자로 훈련시켜 각 가정교회로 파송, 사역하게 하는 제도인데, 여기서 '가정'은 부모와 자녀로 이루어진 한 가정이 한 교회가 된다는 의미가 아니라 가정에서 돌아가며 모인다는 뜻과 한 가족처럼 친밀하고 예수 안에서 형제애를 주고받는 아름다운 관계를 이룬다는 뜻입니다.

처음 조직할 때는 사는 지역과 관계없이 5~8명 정도로 구성하되 교회에서 일방적으로 편성해 주지 않고 성도들에게 선택권을 주어 스스로 원하여 모인 편한 그룹이 되게 하려고 합니다(선택기준은 나중에 주보를 참고 바람). 모이는 시간은 일주일에 한번 금요일 밤이나 주일 오후로 하며 남녀를 구분하지 않고 통합하되 부부는 같은 가정교회에 소속해야 합니다. 가정교회가 부흥 발전하여 숫자적으로 12~14명쯤 되면 분가하게 되는데 이때 지도자(가장)는 초신자 등 약한 분 몇을 데리고 나가 새로운 가정교회를 개척하게 되며 기존의 가정교회는 그 동안 같은 가정교회에서 훈련받아 온 예비가장이 맡게 됩니다.

가정교회는 삶을 깊이 나누며 서로 돕고 섬기는 데 힘써야 하므로 일주일에 한 번 있는 모임에 국한되지 않고 구성원들의 상황에 따라 민첩하게 교류하며 급한 기도 등으로 섬겨야 합니다. 가정교회가 아름답게 자리를 잡아가면 우리 삶의 온갖 문제들을 가정교회 가족들 안에서 함께 기도하고 함께 나누고 서로 섬기는 가운데 하나님의 역사하심과 은혜 베푸심을 많이 체험하게 될 것입니다. 이런 가정교회는 초대 교회의 모습이며 진정한 교회의 모습임을 성경 여러 곳에서 확인할 수 있습니다.

가정교회야말로 이 시대 하나님이 우리 화평교회에 주신 비전입니다. 이 아름다운 교회를 이루도록 함께 기도하고 쓰임 받는 일꾼 되게 준비합시다.

4. 구역모임에서 가정교회로(1998. 7. 12)

10년 이상 진행되어오던 구역성경공부모임이 이번 주로 마무리되고 8월까지 방학에 들어갑니다. 이제 9월부터 실시되는 가정교회 관계로 기존의 구역모임이 가정교회 형태로 바뀌면서 지도자나 구성원이나 모임 내용 등 많은 변동이 있게 됩니다. 지금까지는 구역 인도자의 3분의 2정도가 여성도들이었지만 가정교회 지도자(가장이라 부름)들은 95퍼센트 이상이 남자 성도로서 각 가정교회 사역을 하게 됩니다. 그 동안 변함없이 충성스럽게 말씀과 기도와 돌봄으로 구역원들을 섬기셨는데 하나님께서 여러분의 헌신과 봉사를 기억해 주시리라 확신합니다. 앞으로 각 가정교회에 들어가셔서 지금까지 그랬던 것처럼 훈련된 일꾼으로 가장을 적극 협력하며 가족들(가정교회 식구들)을 잘 섬겨주시기를 부탁드립니다.

 10년 간 우리 교회 식구들은 구역모임에 참여하며 많은 변화와 성장을 했습니다. 일관성 있고 체계적인 귀납법적 성경공부를 통하여 많은 것을 배웠고, 얻었고, 함께 나누고 체험하였습니다. 그간 공부한 교재들은 생명의 삶, C.C.C.의 10단계 성경공부, 창세기, 출애굽기, 에베소서, 마가복음, 야고보서, 사도행전 등이었고 매주 교회에서 훈련받은 인도자들이 각 구역에 나가 교제, 양육, 전도에 역점을 두고 모임을 가진 결과 우리 모두 아는 바대로 상당한 열매들이 있어 구원받는 백성의 수가 많아지고 영적으로 성숙해지며 교회가 평안하고 든든해졌습니다. 구역모임을 통해 이렇게 역사하시고 은혜 베푸신 하나님께 영광을 돌립니다. 우리 화평교회를 통해 하나님 나라의 일을 계속 진행하셨던 하나님을 찬양합니다.

 이제 한 걸음 나아가 가정교회를 탄생시켜 더 아름답고 건강한 공동체를 이루는 교회가 되기를 원합니다. 수 차례 지도자세미나와 메시지, 「목회자코너」에서 밝힌 대로 가정교회는 성경적인 교회의 모습이며 10주년을 지내고 21세기를 앞둔 현 시점에서 추구해야할 바람직한 관계 중심, 소그룹 중심의 교회이며 특히 하나님이 우리에게 주신 비전입니다. 이제 이 일을 우리 모두가 준비합시다. 마음으로, 기도로, 참여함으로 협력합시다. 화평교회에 속한 식구들은 한 분도 이 대열에서 이탈하는 자 없기를 기도합니다.

5. 선택권을 드립니다(1998. 7. 19)

9월부터 가정교회가 실시됨에 따라 가장후보 수련회를 지난 주간에 서현수양관에서 1박 2일로 가졌습니다. 총무를 포함하여 45명이 참석했는데 서로의 관계 속에서 하나가 되는 은혜로운 시간이었으며 앞으로 전개될 가정교회가 어떤 모습일지를 미리 볼 수 있었던 기회였고, 그 맛을 조금 볼 수 있었던 수련회였습니다. 세미나, 고구마라면파티, 기도회, 워크숍 등을 진행하면서 우리가 이루어 갈 가정교회를 하나님이 기뻐하시며 우리를 주목하시는구나 하는 것을 느꼈습니다.

다음 주일에는 성도 여러분 앞에 가장(가정교회 지도자)들을 소개하고 가정교회 선택을 위한 유인물을 배부해 드릴 것입니다. 일정에 차질이 없도록 다음 주와 그 다음 주 안에 신청해 주시기 바랍니다.

가장을 선택할 때 참고할 사항은 다음과 같습니다.

① 기도하시면서 성령의 인도를 따르십시오.

② 평소에 존경하고 본받고 싶었던 분을 택하십시오.

③ 사는 지역이나 나이에 관계없이 편하게 대할 수 있는 분을 택하십시오.

④ 현 구역이나 친분 관계에 매이지 마십시오.

⑤ 한 가장을 너무 많은 분들이 선호하시면 새가족에게 우선권을 드릴 것이므로 2, 3, 4순위까지 표기해 주십시오.
⑥ 동역자의 심정으로 적극 협력하고 싶은 가장을 택하십시오.

6. 가장 선택(1998. 7. 26)

오늘 가정교회 가장들을 임명하고 가장 선택을 위한 유인물을 나눠 드렸습니다. 앞으로 고와 낙을 같이하며 동역할 가장을 다음 주일과 그 다음 주일(8월 9일)까지 서면으로 신청을 받습니다(본당 입구에 신청서함 설치). 지난 주일에 「목회자코너」에서 말씀드린 바와 같이 기도하시면서 심사숙고하여 결정해 주시기 바랍니다. 사는 지역, 나이, 현재 구역, 친분관계 등에 매이지 말 것을 부탁드렸는데, 평상시 잘 알고 지내는 사람을 선택할 때 적응이 빨리 되는 유익이 있으나 오히려 새로운 관계들로 맺어진 가정교회가 매우 성공적이었다는 보고가 있습니다.

아무쪼록 홀로 신앙생활 하는 외로움을 버리고 예수 안에서 한 가족 된 형제애를 주고받으며 함께 살아가는 가정교회로 오십시오. 이제까지 구역모임에 참여하지 않았던 성도님들, 혹은 화평교회에 정식으로 등록하지 않은 성도님들도 이번 기회에 결단하시고 절차를 밟아 가정교회에 참여하시기 바랍니다. 하나님이 우리 교회에 주신 비전을 좇아 새 역사의 아름다운 출발이 여러분 모두를 통해 이뤄지기를 기원합니다.

7. 가정교회 편성은 이렇게!(1998. 8. 16)

지난 주일까지 약 125가정이 가정교회를 신청하였습니다. 200여 가정 중 60퍼센트 이상이 되는데 이번 주일까지 하면 80퍼센트 가까이 참여하리라 예상됩니다. 지금까지 실시해오던 구역모임의 참여율은 전교인의 45퍼센트 선을 넘지 못했었습니다. 여기에 비할 때 화평가족들의 가정교회에 대한 관심도가 상당히 높은 것을 알 수 있습니다. 예상했던 대로 어느 가장은 선택한 성도들이 많고 어느 가장은 적었으나 신청자가 없는 경우는 없었습니다. 어떤 분들은 평상시 존경하고 본받고 싶고 교제하고 싶은 가장을, 어떤 분들은 평상시에 거의 알지 못했던 가장을, 또 어떤 분들은 가장 교제를 많이 하고 있던 편한 분을 선택한 것 같았습니다.

아직 가장을 선택하지 않으신 분들은 이번 주간 중에 개별적으로 접촉해서 참여토록 권면할 것입니다. 그래도 참여하지 않는 성도님들은 가장들이 명단을 보고 접근토록 할 예정입니다.

다음 주일에는 가정교회 편성표가 성도 여러분에게 배부될 것입니다. 어느 성도님은 자신이 원하는 가정교회에 배정되지 않아 불만스러울 수도 있고 어느 가장은 자신이 기대했던 성도가 배정되지 않아 섭섭할 수도 있을지 모르나 성도 여러분께서는 이해해 주셔야 합니다. 교회 전체를 생각하고 배정해야 하기 때문에 모든 사람의 입맛에 맞게 한다는 것은 불가능한 것입니다.

그러나 각 가정교회가 든든히 세워지는 일에 역점을 두고 배정할 것이며 인원은 10명 이내로 할 것입니다. 가능하면 본인이 원하는 가정교회에 배정되도록 최대한 노력할 것이며 많이 몰리는 가정교회는 초신자나 새가족에게 우선적으로 배정하겠습니다. 성도 여러분의 많은 이해를 바라며 특히 저를 위한 기도를 부탁합니다. 하나님이 지혜 주셔서 가정교회를 잘 편성할 수 있도록 기도해 주십시오. 기도하고 고민하며 힘들게 짠 가정교회이니 만큼 혹시 가장이나 구성원이 마음에 안 드셔도 좋아하고 적응하도록 노력해 주시기 바랍니다. 우린 다 하나님의 가족입니다.

8. 가정교회를 편성하고 나서(1998. 9. 6)

몇 개월 동안 준비해 오던 가정교회 편성이 지난 주로 마무리되었습니다. 전교인의 80퍼센트 이상이 가정교회에 신청을 했지만 20퍼센트는 신청하지 않았습니다. 신청하지 않은 분들의 대부분은 새가족, 청년, 장기 결석하는 분들이었습니다. 이 분들에 대해서는 앞으로 개인적으로 권면하거나 각 가정교회 지도자들에게 위탁하여 가정교회에 참여시킬 계획입니다.

가정교회 편성을 하고 나서 큰 짐을 벗고 난 기분도 들었지만 이 일을 위하여 그간 적극 기도하며 참여하신 성도 여러분께 감사를 드리고 싶습니다. 아울러 자신이 원하는 가장(제1순위, 2순위 등)으로 배정되지 않았어도 이러쿵저러쿵 불만스러운 말 한마디 표현하지 않는 성도들을 볼 때 감사하기도 하고 굉장히 미안하게도 생각됩니다. 속으로는 서운한 면도 있겠지만 나의 심정을(목사가 교회 전체를 생각하고 각 가정교회가 건강하게 세워지기 위하여 편성했으리라 믿고) 이해해 주는 우리 화평가족들이 고맙고 사랑스럽기만 합니다.

지난 주일 오후에는 가정교회 파송예배를 드렸습니다(150여 명 성도들이 참여한 가운데). 가정교회의 지도자들은 말씀을 듣고 기도하며 이 시대 자신을 충성 되이 여기사 이 직분 맡겨 주신 것에 감사하며 하나님 앞에 뜨겁게 헌신을 다짐했습니다. 저는 가정교회의 여러 가지 일들을 계획하고 준비하며 또 현재 일어나고 있는 상황들을 보면서 가정교회야말로 하나님께서 이 시대 우리 교회에 주신 비전이며 우리가 이루어 가야할 건강한 교회의 모습임을 다시 한번 확신할 수가 있었습니다.

화평가족 여러분! 하나님께서 가정교회에 어떻게 역사하시는지 적극 참여하면서 주의 깊게 살펴보시기 바랍니다. 우리 모두가 이 시대 주님이 원하시는 아름답고 영광스런 교회를 세워나가기 위하여 한 마음 한 목표를 향하여 열심히 달려갑시다.

9. 가정교회 첫 모임(1998. 9. 13)

온 교회가 몇 개월 전부터 기도하며 준비해오던 가정교회 첫 모임이 지난 주간에 있었습니다. 설레임과 기대와 부담감 속에서 이루어진 첫 모임의 결과는 "심히 좋았더라"가 80퍼센트 이상이었습니다. 그 외에 "앞으로 무한한 가능성을 보여주는 모임", "시간이 너무 길더라", "아기를 돌봄에 문제가 있더라", "성경공부시간이 너무 짧더라" 등의 반응이었습니다. 새로 구성된 모임이라 아직 서먹서먹할 관계인데도 가장과 총무들의 기도와 헌신적인 사전 노력에 하나님이 은혜 주셔서 좋은 분위기에서 첫 모임을 마치게 되어 무척 기쁩니다.

시간 문제는 가장의 재량에 맡길 것이고 아기들 문제는 가원들이 돌아가면서 다른 방에서 데리고 놀든지 중고생이나 고학년 아이들에게 부탁하든지 어린이들에게 맞는 프로그램을 교회에서 준비하여 가정교회에 공급하는 등 다같이 노력해보고 연구해야 할 과제입니다. 그러나 어떤 방법을 동원하든지 아기가 있는 부모는 어쩔 수 없는 어려움이 늘 따르지 않겠습니까? 서로 이해하고 최선을 다하는 것이 중요한 것 같습니다. 성경공부가 짧다고 하는 분이 있었는데 그 동안 구역모임을 성경공부식으로 해왔기 때문에 짧게 느꼈을 것입니다. 그러나 성경말씀은 공부하는 만큼 지키는(적용) 것이 무엇보다도 중요합니다. 성경을 더 배우기 원하시는 분들은 교회 차원에서 실시하고 있는 새가족반이나 신앙세미나, 제자훈련반 그리고 앞으로 실시할 양육반(13주) 등을 통하여 말씀을 공부하며 훈련받을 수 있기를 바랍니다.

   그 동안 실시해오던 구역성경공부모임에서 출석률이 가장 좋았던 때가 137명이었는데 이번 가정교회 첫 모임은 61명이 더 많은 198명이었습니다. 피곤하고 바쁜 중에도 각 가정교회로 모여든 성도들을 생각할 때 얼마나 감사하고 좋은지요. 하나님의 인도하심과 성도들의 관심 속에 첫 발을 잘 내딛었다고 생각합니다. 주님이 기뻐하시면 앞으로 더욱 많은 성도님들이 참석할 것이며 주도적인 성령의 역사하심으로 가정교회들이 든든히 서가고 그 안에서 성도들이 즐거워하며 위대한 하나님의 일을 이루어 갈 것입니다. 뜨거운 사명감으로 맡겨진 사역에 열중하고 있는 가장과 총무들, 그리고 가정을 열어 주의 백성을 공궤하는 성도들에게 주님이 주님의 것들로 갚아주시기를 소원합니다.

10. 가정교회 지도자 선택 신청서

지도자	1 순위	2순위	3 순위	4 순위
고광석(장은명)				
원종구(이춘화)				
윤정일(유기호)				
강석하(김선희)				
김형덕(김양림)				
윤정석(허영순)				
성억기(가경희)				
이연구(이상남)				
박한진(이기수)				
박래백(오미령)				
김대선(김정님)				
양승준(이선희)				
최보하(권순이)				
이원구(유송자)				
김정용(김현숙)				
박미종(추진희)				
성환영(고미숙)				
문인석(김명신)				
심정영(서정순)				
김안현(박미숙)				
소부록(이이행)				
김해자(안혜자)				
이희정(김덕신)				

참고 1. 해당란에 O표를 하십시오.

    2. 가장을 선택할 때는 기도하시면서 성령의 인도를 따라 평소에 존경하고 본받고 싶었던 분을 택하시되 현 구역이나 지역, 나이, 친분관계에 얽매이지 마시고 동역자의 심정으로 적극 협력하고 싶은 가장을 택하십시오. 한 가장을 너무 많이 선택하시면 새가족에게 우선권을 드릴 것이므로 제2, 제3, 제4순위까지 꼭 표기해 주십시오.

본인은 위와 같이 가정교회 가장(총무) 선택을 신청합니다.

1998년 7월 26일

신청인: _____ 인

대한예수교장로회 화평교회

11. 가정교회 첫 모임을 위하여

① 기도로 준비한다(매일).

② 연락을 취한다.

③ 각 순서를 어떻게 이끌어 갈 것인가를 묵상하며 생각해 둔다.

④ 이전 구역 모임의 이미지를 갖지 않도록 좋은 분위기를 만들라(장애물을 제거).

⑤ 어린아이들을 누가 책임질 것인가를 생각해 두라.

⑥ 새가족이나 연약한 자를 어떻게 맞이할 것인가를 생각해 두라.

⑦ 식사를 준비한다(설거지는 나중에).

⑧ 식사 후 찬양한다(5곡 정도).

⑨ 어린 시절 기억에 남는 일을 한 가지씩 나눈다(Ice Break).

⑩ 지난 주 설교 말씀을 어떻게 적용했는가를 나눈다.

⑪ 성경공부(25분 정도).

⑫ 지난 한 주간 혹은 요즘 기뻤던 일, 감사했던 일, 힘든 일, 기도제목 등을 돌아가며 나눈다(가장이 정답식으로 대답하지 말라).

⑬ 나눈 제목을 가지고 다같이 기도한다.

⑭ 헌금(선교사 위해).

⑮ 광고(가정교회 소식, 교회 소식, 선교(전도) 소식, 가정교회 이름 정하기).

⑯ 가장이 기도하고 마친다.

12. 가정교회 사역 보고서

가정교회 사역 보고서

화평교회		보고 날짜: 년 월 일
가정교회명 ( )		가장 성명 ( )
모인 날짜:	모인 장소:	모일 장소:
출석 가원	결석 가원	처음 참석자 혹은 방문자
		총출석: ( )명
		결 석: ( )명
		성 경: ( )장

※ 아래 란에 1주일 동안 사역한 내용이나 특기 사항을 써 주십시오.

(구원의 역사, 변화의 역사, 감사 조건, 어려운 일, 양육반, 제자훈련반, 새가족반 신청 등)

<부록 3> 효과적인 가정교회 사역을 위한 사역자들의 토론

1. 늦은 밤시간대에 모이다 보니 마음에 부담을 느끼는 분들이 있습니다. 어떻게 하면 좋을지?
   - 모임이 끝나는 시간을 정하고 가장이 시간 조정을 잘해야 한다.
   - 식사를 다과로 바꾸면서 시간이 많이 절약되었다.
   - 특별한 사정이 있거나 먼저 가야하는 가원들은 시간이 되면 모임에 방해되지 않게 스스로 조용히 가는 것을 공식적으로 인정해 준다.

- 식사를 하지 않고 다과로 대신하며, 교제를 위해 한 달에 한 번 토요일에 식사를 한다.
- 서로 의논을 하고 시간을 재조정한다(예: 토요일 오후 8시~10시).
- 10시가 되면 끝난다는 것을 확실히 주지시킨다. 시간을 엄수하는 분위기를 형성시켜 놓으면 자연스럽게 정착된다.
- 한 명이 오더라도 정해진 시간에 정확히 시작한다.
- 시작하는 시간과 끝나는 시간을 정해놓고 잘 지킨다.

2. 가장이 가원들에게 지속적으로 많은 것을 채워주고 싶은데 어떻게 도울 수 있는지?
   - 찬양집회, 음악회, 식사 등 이벤트를 다양하게 준비한다.
   - 좋은 책을 골라 도움이 되는 문구를 복사하여 나누어준다.
   - 나눔 속에서 그가 필요한 것을 파악해 그 필요를 제공한다.
   - 결혼기념일이나 생일 등 기념일에는 편지로, 평소에는 기도로 채워 준다.
   - 개별적 만남을 통해 채워 준다.
   - 가장 혼자 주는 역할을 할 것이 아니라 가원들이 서로 삶을 나눌 때 그 삶을 공유할 수 있었다.
   - 이메일을 통해 필요한 것들을 채워 준다.
   - 모임에만 국한하지 말고 일주일 내내 영적 교제를 할 필요가 있다.

3. 가정교회에서 가장 효과적인 전도 방법은 무엇이라고 생각하는지?
   - 가원들이 이웃에게 관심을 갖도록 모임 때마다 전도 보고 시간을 갖

는다.
- 온가족 모임이벤트를 갖음으로 배우자와 형제 자매 또는 부모님을 전도할 기회를 만든다.
- 가장 친한 이웃과 수시로 교제하는 가운데 전도한다(때마다 그들의 필요를 채워주는 사랑으로).
- 나눔의 상당 부분을 전도에 역점을 둔다(전도대상자들과의 교제상황 나눔, 합심기도).
- 믿지 않는 배우자들을 특별히 초청하는 전도이벤트를 연다.
- 가원과 총무의 전도열정이 가원들을 감동, 전염시킨다.
- 가정교회 내에서도 구도자초청집회는 매우 중요하다.
- 가원들을 믿음 안에서 성숙시켜 그가 전도하도록 한다.
- 특별한 이벤트는 아니어도 평상시 자연스럽게 한 가정을 초청해 가벼운 마음으로 놀러 와서 식사하게 한다.
- 전도폭발팀의 지원을 받아 가원들의 전도대상자를 방문해 복음을 제시한다.
- 가원의 애경사에 가원들 모두 적극적으로 참여한다.

4. 부부문제나 가정문제를 어느 선까지 관여하는 게 좋을지?
   - 대부분 자신이 어느 선까지 내놓아야 할지 그 한계를 알고 있다. 본인이 마음을 열 때까지 관여할 수 있다.
   - 위험수위에 이르면 가장이 지혜롭게 막아준다.
   - 서로 비슷한 처지에 있는 분들이 교제함으로 서로 위로 받고 해결점을 찾아가되 성경에서 말씀하고 있는 도리에 대해서는 알려 줄 필요가 있다.

- 어떤 문제든 충분히 얘기가 가능하다.
- 잘 들어 주는 것이 중요하며, 끊임없는 중보기도가 필요하다.
- 자연스런 나눔 가운데 해결책을 제시할 수도 있고 신앙적 안목을 가지도록 도울 수 있다.
- 부부문제의 경우 양편에 대한 가장과 총무의 지혜로운 교제가 필요하다.
- 때로는 교회의 교역자들이나 전문 상담자에게 위임할 필요가 있다.

5. 사회적인 일을 더 우선시함으로 불참하는 가원들을 어떻게 지도해야 할지?
   - 가장의 마음을 솔직히 이야기하고 삶의 우선순위에 대해 말해준다.
   - 끊임없이 관심을 가져야 한다. 포기하지 말고 지속적인 사랑과 중보기도를 한다.
   - 인간적인 면보다는 하나님 편에서 중보사로서 상대방에게 확실하게 말을 해준다.
   - 가장이 본인의 변화되기 전과 후를 간증한다.
   - 모임에서 무언가를 얻어갈 수 있다는 것을 느낄 수 있게 해준다(좋은 분위기, 서로를 위한 기도, 진지한 나눔 등등).
   - 개인 기념일을 기억하여 감동을 준다.
   - 개인적 접촉(전화, 삶의 현장 찾아가기, 식탁교제, 기도제목 받아 기도해 주기).
   - 기다림과 인내.

6. 가원들 간의 영적인 성숙도의 차이를 어떻게 극복, 교육할 수 있

는지?
- 가장 혼자서는 안 되고 가원들의 이해와 협력이 필요하다.
- 교회의 훈련프로그램에 참여를 권하여 영적인 성숙이 이루어지도록 한다(새가족반, 양육반, 제자훈련반, 부부성장반 등).
- 성숙한 가원이 있다면 영적으로 어린 가원을 자연스럽게 잘 돌보고 섬기는 가운데 큰 보람을 느낄 수 있게 해 준다.
- 집에 찾아가서라도 주중에 꼭 성경공부 교재를 나눠주고 미리 예습하도록 한다.
- 믿음이 연약한 가원을 위해 가정교회 내에서 새로운 프로그램을 만든다(암송, 일대일 교육 등).
- 성숙도가 낮은 가원 위주로 하되 적정한 선과 원칙을 세워놓고 그들을 포용한다.
- 때로는 연약한 가원 중심으로, 때로는 선두그룹 중심으로 교육하여 서로에게 도전과 섬김이 되게 한다.

7. 다른 가원들과 경제적 비교의식으로 참석을 기피하는 가원은 어떻게 해야 할지?
- 서로 격려하고 위로해 주는 것이 중요하다.
- 일정기간 동안은 모든 가원들이 서로에게 부담을 주지 않을 정도로 대접한다.
- 바른 물질관을 갖을 수 있게 자연스런 교육이 있어야 한다.

8. 나눔이나 찬양에 소극적인 가원은 어떻게 대해야 할지?
- 좋아하는 찬양이 무엇이냐고 묻고 함께 그 찬양을 부른다.

- 개인적 친밀감이 선행되어야 하므로 개인교제를 할 기회를 만든다.
- 소극적인 사람 끌어내는 방법을 연구해 본다(질문, 재미있는 유머 등).
- 좋은 복음성가를 구비해서 찬양에 색다른 면을 보여준다.
- 서먹서먹하게 냉각된 분위기를 깨뜨리고 친밀한 분위기를 위해서 Ice break를 실시한다.
- 그 지체가 가진 관심분야를 파악하고 나눔에 끌어들인다.
- 적극적으로 참여하도록 가장이 조절하는 방법을 쓴다.
- 나눔에서의 진행자로 세운다.

9. 일반적인 교제 중 시사적인 이야기가 너무 많고 성경말씀을 나누는 것에는 소극적인 가원을 어떻게 다루어야 할지?
   - 가장이 잘 듣고 있다가 하나님의 간섭하심과 경험한 것에 대해 나누게 함으로 영적인 결론을 내릴 수 있도록 유도한다.
   - 어느 정도 제재가 필요하다.
   - 주중에 성경 읽어오기 숙제를 내줌으로 그들도 나눌 내용이 있게 해준다(처음에는 적은 분량으로 시작).
   - 잘 훈련된 가원들을 보고 자연스럽게 배우게 한다.
   - 말씀 나눔이 아니어도 시사적인 내용 안에서 크리스천으로서 느낀 점이나 생각한 것들을 질문한다.

10. 가정교회 내에서 가장과 총무의 역할을 어떻게 하는 것이 가장 효과적인가?
    - 가원들보다 혹 부족한 점이 있더라도 섬김과 희생의 마음을 갖고 최

선을 다하는 모습을 보여 주도록 한다.
- 역할 분담을 잘 시키는 것이 중요하다.
- 후계자를 발굴하고 양육하며 그를 인정하고 훈련시킨다(가장).
- 어머니 같은 역할을 감당한다(총무).
- 가장, 총무는 부모의 마음으로 가원들을 돌보고 양육해야 한다.
- 교역자가 성도들을 돌보듯 가장과 총무는 가원들을 잘 돌보아야 한다(관심, 사랑, 인내, 양육, 지도자로 세우기).

11. 돌아가면서 모이지 못한다면 어떤 방법을 써야할지?(청년부)
    - 자원하여 장소를 제공하는 가원이 생길 때까지 가장 집에서 모이는 것이 바람직하다(희생하며 섬길 때 감동이 됨).
    - 장소는 교회(유아실, 교육관, 식당 등)를 사용한다. 다과나 식사는 자원자가 준비하도록 한다.
    - 구역모임처럼 정한 순서에 따라 가원들이 모두 돌아가면서 장소를 제공하게 하는 것은 좋지 않다.

12. 무분별하게 말함으로 분위기를 흐려놓는 가원을 어떻게 대해야 할지?
    - 그가 실족치 않도록 조심스럽게 가장이 끊어준다.
    - 예배 끝난 후에 그 문제에 대해 이야기하자고 한다.
    - 따로 만나 개인적으로 권면한다.
    - 가장이 재지할 방법을 연구해 둔다.

13. 나눔의 한계를 어떻게 극복할 수 있을까?
    - 일주일을 지내면서 감사한 일, 힘들거나 좋았던 일을 가장부터 자연스럽게 오픈한다.
    - 하나님의 은혜를 체험한 가원들이 먼저 솔직하게 나누기 시작한다.
    - 그 사람의 관심사를 질문(눈높이를 맞추기)해 신앙적 수준으로 끌어올린다.
    - 자료를 준비하여 나눔을 풍성하게 한다(기질 파악, 행복점수, 성격테스트, 나눔을 위한 질문들, 가치관 경매 등 가장・총무 모임 때 한 것 혹은 개인적으로 준비).
    - 그 날 나눔의 주제를 미리 정하여 제시한다.
    - 가원들의 관심분야에 대해 나눈다.
    - 시기나 절기에 맞는 주제 선택(예: 추석, 올림픽, 부활절 등).
    - 자녀 교육, 남편과 관련된 생활 나눔, 어려움 나누기, 어린 시절 추억 등.
    - 기도제목과 기도 응답 나누기.
    - 가원 모두 나눔의 주제를 함께 생각해 보고 리스트를 작성해 놓는다.
    - 소그룹이 성숙되면 나눔이 풍성함으로 '나눔의 한계'라는 용어가 무색할 것이다.

14. 나눔의 깊이를 어느 정도까지? 그리고 나눔 자체로 끝나는 것을 방지하기 위해서는 어떻게 할까?
    - 나눔의 깊이는 가원들이 공개하고 자연스럽게 나누는 정도까지(개인차, 가정교회 별로 다를 수밖에 없음).
    - 나눔이 세상적일 때는 가장이 잘 조정해야 한다.

- 나눔 시작할 때 덕이 안 되는 얘기는 삼가해 달라고 주문했더니 조심하였다.
- 끝날 때 말씀으로 유도하고 마무리한다.
- 나눔 중에 있었던 이야기 가운데 중요한 부분에 대해서 함께 기도하는 시간을 갖는다.
- 고백, 감사, 기도 요청하는 자세로 나눈다.
- 가원들의 진심 어린 격려나 간단한 경험담, 간증, 공감, 수용하는 자세를 견지한다.
- 힘든 상황, 어려운 이야기를 할 때는 기도제목으로 전환해 준다.
- 방향성이 분명해야 한다.
- 구체성을 띄는 것이 좋다.
- 내놓은 것을 꼬치꼬치 캐기보다는 노출한 만큼을 귀기울여 잘 들어준다.
- 리더나 핵심멤버의 오픈 정도에 따라 가원들도 따라 간다.
- 필요에 따라 시간을 내어 만나 준다.
- 가장, 총무라는 입장을 버려야 한다.
- 각 가원의 입장을 고려하여 지혜롭게 나눔을 이끌어야 한다(리더의 역량).
- 한 사람이 내놓은 주제를 함께 토론, 해결책을 제시하거나 중보기도를 한다.

15. 가정교회가 부흥되려면?
    - 먼저 가정교회 모임에 오고 싶은 마음을 가질 수 있도록 한다(모임에 관심을 갖게 하는 것이 중요).

- 가장 총무가 가원들 사랑하는 모습을 진실하게 보여줘야 한다.
- 가장・총무의 무조건적 헌신이 요구된다.
- 구령의 열정을 가져야 한다(마음에 품기부터 시작).
- 잘 참여하지 않는 가원들을 먼저 챙겨야 한다.
- 현재 가원들이 영적으로 성장할 때 자연적으로 다른 영혼에게 관심을 갖게 된다.
- 기다리고 인내하며 계속 연락하여 관계를 유지한다.
- 관계의 폭을 넓혀라.

16. 가정교회에 적극 적이지 않은 가원들을 어떻게 하면 좋을지?
    - 연락을 계속하고 안 하고에 큰 차이가 있다(지속적인 관심이 중요).
    - 당사자의 아내, 혹은 남편이 가장 관심을 가져야 한다.
    - 가장이 마음, 시간, 물질, 기도, 관심을 기울일 때 변화가 일어났다(술 먹었어도 참석하게 됨).
    - 가원 전체가 나서서 관심을 가지고 전화한다.
    - 한 사람의 가원이 이 부분에 헌신할 때 변화의 역사가 있었다(열심히 연락하고 모임을 독려함).
    - 이메일, 엽서, 편지 쓰기, 주보 보내기.
    - 한두 번 정도는 담임목사가 직접 전화해 주는 것이 필요하다.
    - 부인의 변화가 남편을 변화시켰다(가정의 평화를 위해 교회에 출석하게 되었다고 함).
    - 개별 접촉으로 좋은 관계를 맺는다.

17. 질문할 때 어떻게 지혜롭게 답변할 수 있는가?

- 실제 겪은 사람의 체험적 대답이 가장 좋다.
- 질문자의 생각에 대해 공감해 주는 것이 중요하다(질문에 대한 확실한 답을 못해주더라도 치료가 됨).
- 정답식 답변은 유익이 없을 수도 있다.
- 다른 가원이 답변할 수 있게 기회를 준다.
- 신앙 상태에 맞는 은혜로운 간증도 좋은 답변이 될 수 있다.
- 모르는 것은 모른다고 대답한 후 알아보고 준비하여 다음 주에 답변할 수 있다.
- 난처한 질문이 들어올 때 솔직하게 이야기하고, 두세 사람에게 어떻게 생각하는가 물어 본다.

18. 홀로 된 분들이 나눔 시간에 곤란을 느끼는 경우가 있는데 어떻게 하면 좋은가?
    - 부부에 관계된 것 등 곤란한 정도라고 판단되면 자연스럽게 화제를 바꾼다.
    - 가끔은 남녀를 구별하여 교제를 나눈다.
    - 그 반대의 경우도 있다(둘이 나오면 서로 눈치보고 곤란해 함).
    - 가장이나 총무 역할이 매우 중요하다(배려하고자 할 때 하나님께서 지혜를 주실 것임).
    - 모두 다 돌아가게 하지말고 몇 명이 나눈 후에 넘어간다.

19. 지체들이 힘들어 지쳐 있을 때 어떻게 극복할 수 있는지?
    - 하나님 앞에 있는 그대로 내놓을 수 있게 찬양시간을 길게 잡는다.
    - 그 경우에 맞는 간증을 한다.

- 하던 일을 그만두고 편한 분위기로 이끈다.
- 합심해서 기도해 준다.
- 진정한 나눔에서 평화를 누린다.
- 필요하다면 일대일로 만나준다.
- 힘든 부분에 함께 동참한다.
- 주중에 전화 혹은 심방하여 시간을 같이하고 함께 기도한다.
- 어떤 모습으로 접근하든 우리는 그리스도안에 한 형제 자매임을 인식시킨다.
- 힘든 가원이 자기를 표현할 때 해석이나 논평 없이 들어주자.
- 가원들의 지지와 격려가 필요하다.
- 성령의 인도하심따라 계획했던 순서를 생략하고 한 가원에게 초점을 맞추어 진행할 수도 있다.
- 그 지체가 노출하는 한도 내에서 시간적 배려와 성실한 경청을 한다.
- 일대일 상담을 통해 극복사례를 이야기해 준다.

20. 시간 가는 줄 모르고 말을 많이 하는 사람이 있을 때 어떻게 하면 좋을지?
    - 처음에는 들어주면서 '좋습니다' 라고 긍정적으로 대답한 후 자연스럽게 끊는다.
    - 나눔 시간 전에 미리 그 부분에 대해 기도한다.
    - 짧은 답변이 나올 수 있는 것으로 질문한다.
    - 모든 가원이 모여 있을 때 '짧게 답변하십시오' 라고 주문한다.
    - 힘들지만 끼어들어 재치있게(갈 길이 멀다. 삼천포, 끝난 후 다과할 때 더 하자) 제재한다.

- 사람을 봐 가면서 중간에 제지하거나 끝날 때까지 들어준다.
- 대화할 때 그대로 인정해 주되 다른 사람들은 어떻게 생각하는지 물어 자연스럽게 인도한다.
- 시간을 미리 정해준다(시간 되면 신호를 준다).
- 가장이 지혜롭게 타이밍을 포착해 이야기를 끝맺도록 한다.
- 가장이 개인적으로 따로 만나 사실대로 말해주고 협조해 줄 것을 당부한다.

21. 다른 가정교회 식구들과의 넓은 교제를 위해 어떻게 하면 좋을까요?
    - 가정교회 모임을 서로 방문한다.
    - 가장들끼리 만남을 주선한다.
    - 한 달에 한 번 대예배 시 가정교회 모두가 모여 예배 드리고 어느 가정교회는 특송도 하고 다과도 나눈다.
    - 가정교회들이 팀을 맺어 일 년에 몇 번 특별한 만남을 갖는다(체육대회, 수련회 공동개최 등).
    - 한 달에 하두 번 연합모임을 갖는다.
    - 두 가정교회를 형제 교회로 묶어 교제하게 한다(연합모임, 야유회, 음악회, 외식 등).
    - 전 교인이 명찰을 부착하면 전체적인 교제에 큰 도움이 될 것이다.

<부록 4> 현장의 소리들

새가족반 수료자 간증문

민계영

제가 화평교회에서 예배드리게 된 것은 2000년 9월 신원당아파트로 이사하면서이지만, 등록은 올 봄에 하고, 4월과 5월에 걸쳐 5주간 새가족반 담당 목사님과 성경공부를 하게 되었습니다. 처음에는 등록하고 목사님께서 심방만 오시면 새신자로서의 과정은 끝나는 줄 알았는데, 새가족 성경공부반 과정이 있다고 하여 어떤 내용일까 기대가 많이 되었습니다.

그러나 첫 시간에 교재를 받았을 땐 솔직히 실망스러움을 느꼈습니다. 청년 때부터 지금까지 받은 제자훈련만 해도 몇 번인데 교재 내용이 처음 신앙 생활을 시작하는 초신자들을 대상으로 하는 교재였기 때문입니다. 그래서 첫 시간은 어떻게 끝났는지도 모르게 끝나버렸습니다.

하지만 둘째 시간에는, 그래도 귀한 시간인데 헛되이 보내진 않아야겠다는 마음으로 일찍 도착하여 교재를 펴놓고, 교재를 공부하는 자세에 대해 책에 쓰여진 대로 새로운 마음으로 오늘 배울 말씀에 대한 기대와 성령의 인도하심을 구하는 기도를 드렸습니다. 그리고 공부에 임했을 때 저의 마음속에 뜨거운 감동과 말로는 표현할 수 없는 은혜가 넘침을 느꼈습니다. 청년 때의 충만했던 신앙을 기억하게 해주었고, 나의 교만한 마음을 깨닫게 해주는 시간이었습니다. 이번 간증 때문에 다시 교재를 꺼내어 보았습니다. 밑줄까지 그어가며 공부하며 써 놓았던 감동의 글들을 다시 읽어보니 그 때 매 시간 받았던 은혜가 떠올라 가슴이 벅차옴을 느꼈습니다.

　마지막 주, 5과 「화평교회의 비전과 소망」에서는 담임목사님의 목회 철학과 하나님이 화평교회에 주신 비전을 확인할 수 있었습니다. 평신도를 지도자로 세우고, 소그룹 중심으로 성숙해 가는 교회란 주제로 공부할 때 비로소 이제 정말 내가 화평교회의 교인이 되었구나 하는 생각과 함께 나도 교회의 비전에 동참해야겠다는 강한 이끌림이 있었습니다. 그리고 바로 가정교회에 소속해서 모임을 갖게 되었습니다. 새가족반 교육을 통해 그동안 결혼하고 아이를 핑계로 나태해졌던 신앙을 회개하게 되었고, 그러한 저의 변화에 남편도 너무너무 감사해 했습니다.

　몇 해 전 서점에서 베스트셀러가 되었던 『내가 알아야 할 모든 것은 유치원에서 배웠다』라는 책의 제목과 같이 저는 앞으로의 신앙 생활의 방향과 화평교회 교인으로서의 생활에 관한 모든 목표를 새가족반 성경공부를 통해 확립했습니다. 그리고 어찌 보면 짧은 다섯 번의 교제였지만 먼저 새가족반을 시작했던 분, 또 후에 들어오신 분들과의 5주간의 교제를 통해 주일날 정말 반갑게 인사하는 교인이 생긴 것도 제가 화평교회 교인으로서 자리잡을 수 있는 계기가 되었습니다.

　또한 목사님은 수료식 때 선물로 주신 책에 "새가족반 수료를 축하드리며. 신앙과 인격이 함께 자라길 바랍니다."라는 글을 적어주셨는데, 짧은 기간이었지만 저의 교만하고 모난 성격을 파악하셔서 이런 메시지를 주셨구나 하고 회개하고 마음속에 새기며 변화된 삶을 살고자 노력 중입니다.

이제 9월부터 시작하는 양육반을 통해서는 하나님께서 어떤 은혜와 감동을 예비하고 계실지 기대하며 마음이 설렙니다.

양육반 수료자 간증문

오전반 5기 | 이은희

올 상반기에 세상적으로 공부하고 싶은 것이 있었는데 6개월 과정이라 그것을 마치고 양육반은 그 때 가서 생각해야지 하던 참이었습니다. 그러나 담당 목사님의 권유로 나의 계획을 뒤로 미루고 마침내 양육반 13주 과정에 임하게 되었습니다. 처음에는 나의 계획에 미련도 많이 남았습니다. 그러나 지금 길지 않았던 13주를 뒤돌아보니 많은 것을 느낀 시간이었음을 확신합니다. 매주 말씀을 접할 때 내가 깨지는 것을 느꼈습니다. 10년 넘게 지켜온 나의 신앙에 많은 부분이 모자라고, 실천 없는 믿음이 참으로 죽은 믿음이었구나 하는 것을 깨달았습니다. 예전에는 말씀을 생활에 접목시켜 생각하기보다는 말씀은 하나의 줄거리, 생활은 나를 위한 삶이라고 은연중에 생각하며 세상 속에서 믿음 아닌 믿음을 가지고 생활해왔습니다. 그러나 이제는 많이 느낍니다. 하나님의 말씀이 세상 속에서 얼마나 많은 것을 깨닫게 해주시는지, 또한 하나님의 나를 향한 사랑을⋯.

말씀을 가지고 살 때 하나님께서는 나의 계획보다 더욱 많은 것을 주셨습니다. 또한 구체적인 계획도 없었는데 물질에 흔들리지 않도록 채워주셨으니 감사 드립니다. 하나님을 알아가면서 저의 가정을 말씀으로 무장시켜 주셨다는 것을 느끼면서 아들 태화에게 하나님을 더욱 잘 전달할 수 있겠구나 하는 조그마한 자신감도 가져본답니다.

양육반을 마치고 또다시 하나님 앞에 다짐합니다. 외식하는 믿음·교만한 믿음·의심하는 믿음·자족하는 믿음을 갖지 않도록 항상 말씀을 읽고 묵상하며, 기도로 하나님께 간구하며, 내 이웃을 섬기며, 진리 가운데 바로 서서 흔들리지 않고 살겠노라고.

제자반 수료자 간증문

김종윤

저는 중학교 2학년 때부터 약 20년 간 신앙생활을 했으며 화평교회로 오기 전 집사 직분을 받아 봉사도 하는 외적으로는 갖추어진 성도였습니다. 그러나 저의 봉사는 기쁨과 겸손과 섬김에서 우러난 것이 아니었고 저를 추천하신 장로님의 체면과 저의 체면 유지를 위함이었으며, 주일날 교회에 가서 예배만 드리면 그리스도인으로서의 할 바를 다한 것으로 생각하는 소위 'Sunday Christian', 즉 뺀질이였습니다.

그러던 중 하나님이 작년 11월에 이곳으로 이사를 오게 하시어 화평교회로 인도하셨습니다. 굉장히 오랜 역사를 가진 전형적인 전통교회에서 20년 간 신앙생활을 해왔지만 이전까지는 어떠한 체계적인 교육 프로그램을 접하지 못한 채, 오직 주일 예배 때 목사님을 통해 말씀을 듣는 것이 전부였으므로 저의 믿음은 확신과 열정과 기쁨이 없는 미지근한 상태 그 자체였습니다.

그렇지만, 어려서부터 너무 많이 들어 무감각했던 말, 아무것도 아닌 이 죄인을 하나님께서 창세 전부터 택하셨으며, 예수님은 나의 죄를 사하여 영원한 생명을 얻게 하신 나의 구원자시라는 사실을 화평교회에서 새신자교육 및 제자훈련 등 체계적이고도 감동적인 교육훈련을 통해 다시 깨우치고 확신하게 되었습니다.

이제 값없이 죄 사함을 받아 영생을 얻었으며 든든한 후원자가 있음을 확실히 깨달았기에, 너무 감사하고 기쁘며 모든 일을 하나님께 의지함으로 평안함과 담대함을 얻게 되었습니다.

직장생활과 제자훈련을 병행하면서 여러 가지 애로점도 많습니다. 가장 힘든 부분은 과제물에 대한 스트레스였습니다. 저는 석유화학회사에서 기획팀장으로 근무하고 있습니다. 대부분의 직장인들은 월요일부터 금요일까지 늦게까지 수고하고 지친 몸과 마음으로 귀가할 때마다, 주말에는 낮잠도 자고 한 주간 부족했던 가족과의 시간도 즐겁게 보내고 쉴 수 있으니까 라고 위안을 삼으며 지친 발걸음을 조금은 가볍게 여기며 토요일을 맞이합니다.

그러나 저는 토요일이 되면 다음날 제출해야 하는 과제 준비와 예습 때문에 마음 한편이 편하지 못한 채 쉬는 둥 마는 둥, 과제 및 예습을 하는 둥 마는 둥 시간만 흐르다가 잠이 들고 다음날 주일 예배를 드리고 바쁘게 집으로 돌아와 초읽기 작전에 돌입하게 됩니다. 아! 참 피곤합니다. 제자훈련반에 괜히 참여했다는 생각이 들 때도 있었습니다.

그렇지만 그러한 애로점보다는 훈련을 통한 유익이 너무너무 크기에, 훈련을 슬기롭게 하기 위한 지혜를 냈습니다. 즉, 출퇴근길 전철 안에서, 또 주중에 혹 조금 일찍 귀가하는 기회를 이용해서 조금씩 조금씩 과제를 준비하다 보니 주말에 과제 때문에 받던 스트레스로부터 자유함을 얻을 수 있었습니다. 그런 지혜를 주신 하나님께 감사드립니다.

새로운 교회에 등록하여 지인이 없는 연유로 예배드리기 무섭게 귀가하곤 하던 제가, 제자훈련을 받게 되면서는 제자반 식구들이나 목사님께 한 주간 있었던 일들과 고민거리를 내어놓으며(사실 대부분의 남편들이 그렇듯이 귀가해서 피곤하고 귀찮다는 이유로 아내에게도 내어놓지 않던), 서로를 알게 되고 서로를 위해서 간절히 기도해 주는 아름다운 교제를 하게 되었습니다. 따라서, 그들에 대한 관심과 사랑이 교회에 대한 관심과 사랑으로 발전되어 아웃사이더의 모습은 없어지고, 주일 예배 후 남아서 식사도 함께 하며 모든 성도들에게 먼저 다가가서 교제하려는 모습이 되었습니다.

아직도 변화되어 가는 도중에 있으나, 아무 대가없이 나를 당신 것으로 삼아 주셨기에, 그 은혜에 너무 감사하여 주의 영광을 드러내기 위해 흠 없이 살려고 애쓰고 있습니다. 주일 예배만 참석하던 뺀질이가 주일 예배뿐 아니라 모든 집회에 참석하려고 애쓰며, 집에서도 항상 말씀을 읽으려 하며 찬송을 틀어 놓고 따라 부르고 있습니다. 또한 전통 교회와는 달리 일부가 아닌 대부분의 성도들이 교회 또는 가정교회를 통해 봉사하고 겸손하게 섬기는 모습을 보고 도전 받아 나도 저렇게 겸손하게 기쁜 마음으로 섬기며 봉사하는 삶을 살아야겠다고 다짐하며 소망하고 있습니다.

제자훈련을 통해 예수님 닮아 가기를 원하게 되고 예수님 중심의 사고를 하려고 노력하게 하시며, 직장 생활과 병행하면서도 어려움 없이 훈련에 형통하게 하심을 감사 드립니다.

부부성장반 수료자 간증문

곽성수, 곽애영

아내: 처음에 부부성장반을 신청하면서 별 기대감 없이 그냥 '하면 좋겠지' 하고 시작했습니다. 그때까지 저희 부부는 별 문제 없이 두 아이와 함께 나름대로 행복하다고 생각하며 살고 있었으니까요.

그런데 교육과정이 진행되면서 오히려 저 자신은 모든 면에 예민해졌습니다. 하나님께서 기뻐하시는 온전한 가정의 잣대를 우리 가정에 대어보니 문제가 보였으니까요.

남편: 저는 그런 아내를 보며 답답했습니다. 우리처럼 친밀하고, 서로 믿으며 살아가는 부부가 흔치 않다고 생각했는데 불만스러워 하니 말입니다. 이전까지 잘 참아주고, 제 뜻을 대부분 따라주었던 아내가 화를 내기도 하고 문세세기도 하는 겁니다.

아내: 교육을 받으면서 저는 제 자신의 문제점들을 발견했습니다. 이전까지의 저는 받아들이기 힘든 상황이 연출되었을 때 가정의 평온함을 위해 무조건 참고 더 나쁜 상황과 비교해가며 그 상황을 모면했습니다. 하지만 그것은 잠재의식 속에 문제들을 차곡차곡 쌓는 것일 뿐 문제해결은 아니었습니다. 망각을 통한 회피일 뿐이었지요. 교육과정과 속내를 드러내는 솔직한 교제를 통해 하나님께서 세우신 가정을 아름답게 다듬어 가는 지혜를 하나 둘 배웠습니다. 성격이나 기질의 차이를 알게되고 받아들이니 있는 그대로의 모습을 수용하기가 훨씬 수월해졌습니다. 무조건 참으려 하지 말고 부부싸움도 해야 한답

니다. 화가 난 근본적인 원인에서 벗어나지 않는 범위에서 긍정적으로 싸워야 한다는 것도 배웠습니다.

남편: 그 외에도 마음을 나누는 좋은 대화, 전인격적인 건강한 자녀 양육, 영적인 문제와 직결되는 돈에 대한 태도, 하나님 말씀으로 무장한 가정을 위한 가정예배 등등을 배웠습니다. 가정을 하나님의 성령이 거하시기에 합당한 곳으로 만들 사명이 우리들에게 있음을 배웠습니다.

아내: 배운 지식을 머리에 새기고 노력해 가면 하나님의 창조사역의 완성인 가정을 아름답게 세울 수 있을 것 같았습니다. 그러나, 삶 속에서 끊임없이 부서지고 무너지는 자신의 모습을 보며 좌절했고 한계마저 느껴야 했습니다. 제 힘으로 할 수 있는 것에는 한계가 있었던 것입니다. 십자가에 죽으심으로 우리를 값 주고 사신 주님을 의지하지 않고는 우리들은 너무나도 허약한 존재라는 것을 절실히 느꼈습니다. 성령님께서는 사랑할 수 없는 것들까지도 사랑할 수 있도록 역사하시니까요.

남편: 이러한 과정들 속에서 저희 부부는 저희 안의 성령님을 인정하고 순종하는 가운데, 성령님께서 거하시기에 부끄럽지 않은 가정을 이루려 노력하고 있습니다. 부부성장반을 통해 하나님 섬기는 가정의 참 모습을 알게 하신 하나님께 깊은 감사를 드립니다.

<부록 5> 화평교회 설문조사

화평교회 평신도 의식구조 설문조사(1년 이상 된 평신도 106명 대상)

1. 우리 교회 예배를 드리면서 하나님의 임재를 경험하고 하나님의 은혜를 받아 감격스러웠다.

① 정말 그렇다/ 37명(35%)

② 그렇다/ 40명(38%)

③ 가끔 그렇다/ 26명(25%)

④ 아니다/ 3명(3%)

⑤ 전혀 아니다/ 0명

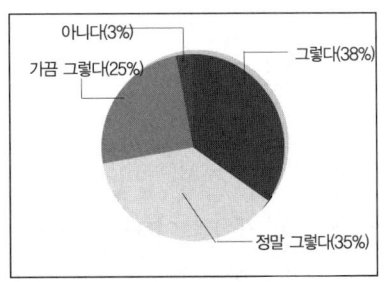

2. 양육과 훈련 프로그램에 대하여

① 이미 훈련받았는데 그 모임을 통해 나의 신앙이 정립 내지는 성숙되었다 / 76명(72%)

② 기회가 되면 나도 훈련받고 싶다/ 27명(25%)

③ 별 관심 없다/ 2명(2%)

④ 전혀 관심 밖이다/ 0명

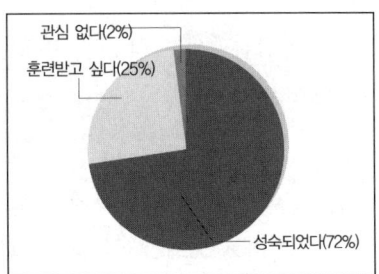

3. 화평교회에서의 신앙생활에 대해

① 아직 불완전하지만 현재의 교회생활을 통해 하나님 나라를 경험하고 있다/ 79명(75%)

② 비교적 만족할 만하다/ 20명(19%)

③ 그저 그렇다/ 7명(7%)

④ 불만스럽다/ 0명

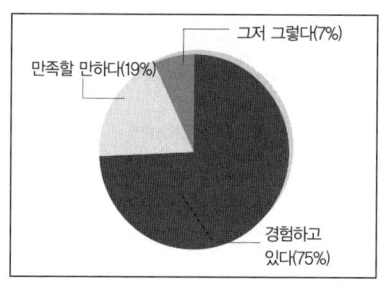

4. 교회 행사들(이웃초청참사랑축제, 신앙강좌, 부모사랑경로잔치 등)을 어떻게 보는가?

① 의미 있고 보람을 느낄 수 있는 행사여서 적극 참여하였다/ 52명(50%)

② 뜻 있는 행사들이라고 생각하지만 동참하지는 못했다/ 54명(51%)

③ 별 의미 없는 1회성 행사라고 본다/ 0명

④ 전시효과를 겨냥한 행사일 뿐이다/ 0명

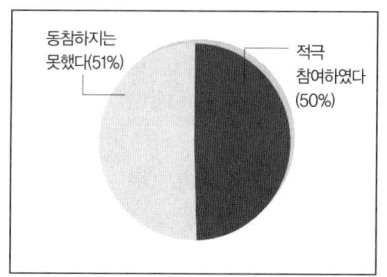

5. 가정교회는 성경적인 모임이며, 그 안에서 그리스도인들이 서로 나누고 섬기는 가운데 나는 형제애(사랑)를 느낀다.

① 정말 그렇다/ 77명(73%)

② 그렇다/ 24명(23%)

③ 아니다/ 1명(1%)

④ 전혀 아니다/ 1명(1%)

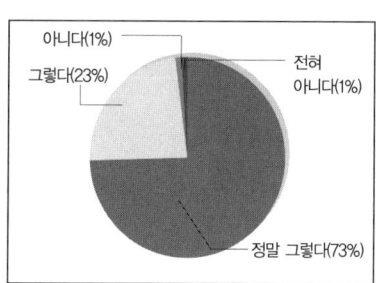

6. 가정교회를 통해 전도와 선교에 더 관심을 갖게 되었고 이 일에 더욱 헌신하게 되기를 원한다.

① 정말 그렇다/ 51명(48%)

② 그렇다/ 50명(47%)

③ 아직 관심 없다/ 5명(5%)

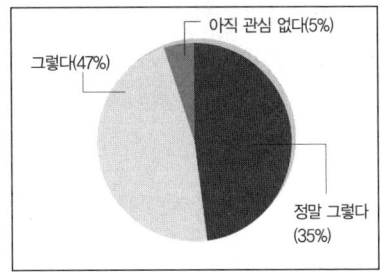

평신도 사역자 설문조사(화평교회 평신도 사역자 37명 대상)

1. 나는 제자훈련을 통해 신앙이 성숙되고 인격과 생활의 변화를 경험하였다.

① 정말 그렇다/ 26명(70%)

② 그렇다/ 10명(27%)

③ 그런 편이다/ 1명(3%)

④ 아니다/ 0명

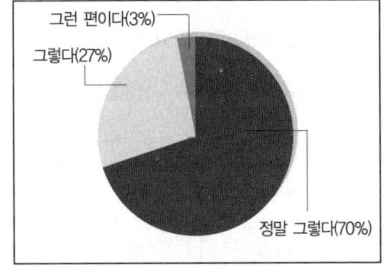

2. 지금 내가 가정교회에서 사역하는 것은 하나님께서 나를 부르신 소명 때문이며 나의 남은 삶을 그분께 드리기로 헌신하였다.

① 정말 그렇다/ 35명(95%)

② 아직 잘 모르겠다/ 2명(5%)

③ 아니다/ 0명

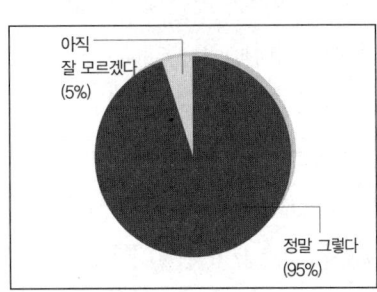

3. 하나님께서 나를 통해 일하고 계시며 우리 가원들 가운데 늘 역사하신다.

① 정말 그렇다/ 37명(100%)

② 아마 그럴 것이다/ 0명

③ 그렇지 않다/ 0명

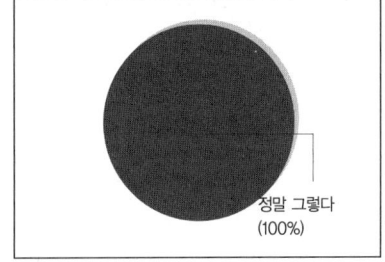

4. 가정교회 실시 이전과 이후의 화평교회를 비교하여 건강 정도를 평가해 보라.(영적 성숙, 예배와 기도생활, 전도와 선교, 나눔과 돌봄, 헌신도 등을 고려)

① 튼튼한 교회로 성장했다/ 20명(54%)

② 매우 좋아졌다/ 11명(30%)

③ 조금 좋아졌다/ 6명(16%)

④ 별로 달라지지 않았다/ 0명

⑤ 허약해졌다/ 0명

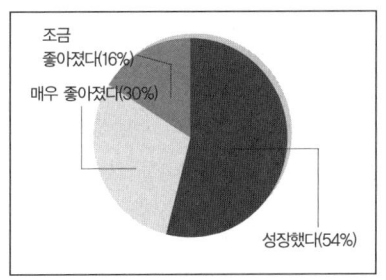

5. 가정교회를 맡아 영적인 사역(소목회)을 하면서 내 삶의 목적, 방향이 확실해졌다.

① 정말 그렇다/ 19명(51%)

② 그렇다/ 16명(43%)

③ 그런 것 같다/ 2명(5%)

④ 그렇지는 않다/ 0명

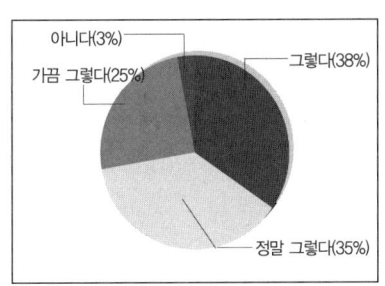

6. 언제까지 이 사역에 헌신하고 싶은가?

① 주님이 허락하시면 부름 받는 그 날까지/ 29명(78%)

② 좀더 해보고 결정할 것이다/ 5명(14%)

③ 한시적으로 혹은 화평교회 있을 동안/ 2명(5%)

④ 생각해 본 적 없다/ 1명(3%)

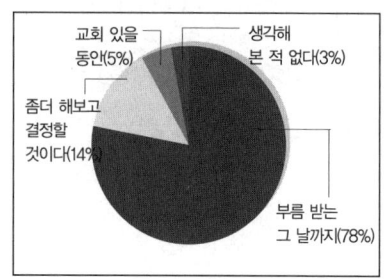

 주

1) 이원규, 한국 교회의 현실과 전망(한목협, 창립대회 주제 강연, 1998년 11월), 37~52.
2) 이성희, 교회 행정학(서울:한국장로교출판사, 1995), 13~37.
3) Rick Warren, 새들백교회 이야기(서울:디모데출판사, 1996), 95~100.
4) Ralph W. Neibour, 한국 교회 갱신을 위한 권두대담(서울:두란노 목회와신학, 2000년 3월), 32~36.
5) William A. Beckham, 제2의 종교개혁, 35~39.
6) 옥한흠, 다시 쓰는 평신도를 깨운다, 383~384
7) 최상태, 새가족반 교재, (서울:화평교회 출판부, 1996), 1~34.
8) 최상태, 균형잡힌 신앙생활, (서울:화평교회 출판부, 1999), 1~58.
9) Robert and Julia Banks, The Church Come Home(Urbana:Albatross, 1986), 44~46.
10) Ibid, 47.
11) Robert Banks, Paul's Idea of Community:The Early House Churches in Their Historical Setting(Peabody:Hendrickson Publishers, 1995), 22~23.
12) Ralph W. Neibour, 셀목회 지침서, 장학일 역(서울:서로사랑,1999), 269~270
13) William A. Beckham, 제2의 종교개혁, 34~35.
14) Ibid., 42.
15) 최영기, 가정교회로 세워지는 평신도 목회. (서울:두란노, 1999), 71.
16) Robert and Julia Banks, The Church Comes House, 26.
17) Ibid., 27.
18) Gareth W. Icenogle, 왜 소그룹으로 모여야 하는가, 안영권, 김선일 역 (서울:옥토출판사, 1997), 138~194.
19) Herman Bavinck, 하나님의 큰 일, 김영규 역 (서울:기독교문서선교회, 1999), 505.

20) 김의원, 목회와 신학, 복회자 세미나 (서울:두란노 2000.2)
21) William A. Beckham, 제2의 종교개혁, 153~157.
22) Ibid., 32, 153.
23) Vincent Branick, The House Church in the Writing of Paul (Collegeville:Liturgical Press, 1989), 13.
24) Ibid., 13~17.
25) Robert and Julia Banks, The Church Comes Homes, 30~31.
26) William A. Beckham, 제2의 종교개혁, 167.
27) Robert and Julia Banks, The Church Comes Home, 50~72.
28) Ibid., 52.
29) Robert Banks, Paul's Idea of Community: The Early House Church in Their Historical Setting, 50~51.
30) Robert and Julia Banks, 53~54.
31) William A. Beckham, 제2의 종교개혁, 168.
32) David Watson, 제자도, 115~116.
33) Ibid., 115.
34) 박승로, 가정교회가 교회를 살린다(서울:에벤에셀, 2000.1).
35) Robert and Julia Banks, The Church Comes Home, 61~63.
36) 김북경, 중국의 한족 선교, (서울:울산큰빛교회 2001년 여름호), 65.
37) 이병모, 유럽 신세대 새교회운동, (서울:국민일보 종교면 2000년 1월 8일), 29.
38) Ibid., 29.
39) 최상태, 격월간 매거진 평신도를 깨운다, (서울:국제제자훈련원 2000년 46호), 14.
40) Berkhof Louis, Manual of Christian Doctrine, (Wmob Eerdmans, 1993), 279~287.
41) 김의원, 목회와 신학, 목회자 세미나, (서울:두란노 2001년 2월).
42) 존 스토트, 교회의 모호성 강연, (서울:국민일보 2000년).
43) Herman Bavinck, 하나님의 큰 일, 504~506.
44) William A. Beckham, 제2의 종교개혁, 31~32.
45) Robert and Julia Banks, The Church Comes Home, 22.
46) Ibid., 86~90.
47) 최상태, 격월간 매거진 평신도를 깨운다, (서울:국제제자훈련원 2000년 46호),

14~16.
48) Robert Banks, Paul's Idea of Community:The Early Houses Churches in Their Historical Setting, 22~23.
49) 최상태, 격월간 매거진 평신도를 깨운다, (서울:국제제자훈련원 2000년 46호), 14~16.
50) 이원설, 문영식, 21세기를 향한 비전과 리더십, (서울:신망애출판사, 1995), 126~129.
51) John Maxwell, 리더십의 21가지 불변의 법칙, 채천석 역, (서울:청우출판사, 1999), 171~185.
52) Paul Cedar, 섬기는 지도자, 김성욱 역, (서울:횃불, 1992), 55~64.
53) David Watson, 제자도, 109.
54) 이원설, 문영식, 비전과 리더십, 250~251.
55) Donahue Bill, 소그룹이야기, 132~137. Steve Sheely, Ice Break 백과사전, 세렌디피티코리아 편역, (서울:국제제자훈련원, 2001), 84~97.
56) 최상태, 셀모임을 위한 창세기 성경공부, (서울:화평교회 출판부, 2000), 91~92.
57) '대면식 전도'(Confrontational Evangelism)란 상대방의 상황이나 그들이 느끼는 필요보다는 복음선포 자체에 강조점을 두는 전도방식을 말한다. 삶의 양식으로서의 전도(Life-Style Evangelism)란 어떤 테크닉이나 훈련프로그램으로 되어지는 것이 아니라 삶 자체로 되어지는 전도방법을 말한다.
58) Greg Ogden, 새로운 종교개혁 이야기, (서울:미션월드, 1998), 5~6.
59) Rick Warren, 새들백교회 이야기, 363.
60) Christian A. Schwartz, 자연적 교회성장, 윤인수 외 역, (서울:자연적교회성장연구소, 1999), 38~39.
61) Ibid., 49~51.
62) Christian A. Schwartz, 자연적 교회성장, 40.
63) William A. Beckham, 제2의 종교개혁, 229~237.
64) Ibid., 234.
65) Robert and Julia Banks, The Church Comes Home, 39.
66) Ralph W. Neibour, 셀목회 지침서, 308~311.
67) David Watson, 제자도, 82~86.
68) David Watson, 제자도, 88.
69) 정성구, 차세대를 위한 제자훈련의 평가와 전망. 47.

70) Bill Hull, 모든 제자를 신자로 삼는 교회.
71) Bill Hull, 모든 새신자를 제자로 삼는 교회, 13.
72) Walter A. Henrichsen, 훈련으로 되는 제자, (서울:네비게이토선교회, 1998), 30~41.
73) Rick Warren, 새들백교회 이야기, (서울:디모데출판사, 1996), 405~413.
74) R. Paul Stevens, 평신도가 사라진 교회, (서울:한국기독학생회 출판부, 1995), 12~16.
75) Rick Warren, 새들백교회 이야기, 150~153.
76) David Watson, 제자도, 9.
77) Bill Hull, 모든 신자를 제자로 삼는 교회, 12~16.
78) William A. Beckham, 제2의 종교개혁, 153.
79) Greg Ogden, 새로운 종교개혁 이야기, 125~153.